Guérir le cancer et d'autres maladies par la visualisation

Guide d'autoguérison

INKA PAVLOV

*G*uérir le cancer et d'autres maladies par la visualisation

Guide d'autoguérison

INKA PAVLOV

JoLanne
l'éditrice

Granby (Québec)

Pavlov, Inka, 1958-
   Guérir le cancer et d'autres maladies par la visualisation :
un guide d'autoguérison

Un guide d'autoguérison

Comprend des références bibliographiques.
ISBN 2-922488-11-X

   1. Visualisation–Emploi en thérapeutique. 2. Imagerie
(Psychologie)–Emploi en thérapeutique. 3. Cancer–Médecines
parallèles. 4. Esprit et corps. I. Titre. II. : Guide
d'autoguérison.

RC49.P38 2000   615.8'51   C00-900126-3

JoLanne, 2000,
pour la présente édition,
Granby (Québec)

Une production originale de la maison d'édition JoLanne

Nous remercions la SODEC pour sa contribution.

ISBN 2-922488-11-X

Dépôt légal-Bibliothèque nationale du Québec,   2000
Dépôt légal-Bibliothèque nationale du Canada,   2000

À L'UNIVERS, MERCI

*À la mémoire de Clément Lavoie,
prêtre, animateur pastoral auprès des étudiants,
massothérapeute diplômé et mon premier
enseignant en bioélectricité,*

*À Pierre Lescault, auteur-compositeur,
toi qui m'as reconnue,*

À mes enfants Samuel et Zoé,

À vous lecteurs et lectrices,

MERCI

À MES PARENTS

REMERCIEMENTS

J'aimerais remercier toutes les nombreuses personnes qui, par leur sourire, leur amour et leur amitié, m'ont permis de réaliser ce projet de rédaction à partir de mes recherches entreprises en 1990. Mon but était noble : permettre avant tout aux personnes atteintes du cancer de se guérir.

Ne pouvant nommer toutes les personnes qui m'ont apporté leur aide, et j'espère que l'on me pardonnera, je tiens tout de même à mentionner mes principaux collaborateurs et collaboratrices :

- ma famille « adoptive », Guy Émond et Diane Lévesque, ainsi que leurs filles, Mélanie, Mélissa et Mylène, pour leur amour inconditionnel,

- Serge Mongeau, pour son accueil,

- Jean-Eudes Gagnon, pour sa complicité et son humour,

- Jean-Charles Crombez, Ouriel Ouaknine et Mona Hébert pour leur expertise,

- Johanne Lacroix, mon éditrice, et toute son équipe, pour leur confiance.

Merci de contribuer à une société meilleure.

À TOI QUI SOUFFRES,
QUE CE LIVRE TE DONNE
DE L'ESPOIR EN LA VIE

TABLE DES MATIÈRES

INTRODUCTION

Je vous présente *Guérir le cancer et d'autres maladies par la visualisation**, une réédition revue et augmentée de *La pensée guérit*, ouvrage que 3 000 lecteurs et lectrices se sont procuré. Depuis cette édition, la vie m'a donné l'occasion d'écrire trois nouveaux chapitres : le premier concerne de nouvelles perspectives pour guérir du cancer, le deuxième prend la forme de discussions avec le public rédigé à partir des questions et des commentaires du public et le troisième spécialement pour les femmes, grandes guérisseuses naturelles. De plus, j'ai ajouté un nouvel exercice de visualisation, auquel s'intéresseront les personnes voulant approfondir cette technique de guérison.

En 1988, ma famille et moi avons expérimenté la visualisation comme outil de guérison du cancer. Selon mes observations, plusieurs personnes touchées par la maladie guérissent en combinant la visualisation à d'autres approches. Cette technique est plus ou moins efficace pour d'autres, car elle ne cadre pas avec leur tempérament.

Aujourd'hui, je sais que toute personne possède son propre processus naturel de guérison* inscrit dans son corps. Le défi de chaque individu est de se connaître assez pour s'écouter et découvrir son propre chemin, vers sa guérison, au quotidien.

---

* Les astérisques renvoient au lexique à la page 177.

Nous avons toujours quelque chose à guérir pour fusionner de plus en plus avec notre conscience la plus profonde et la plus sage...

Diverses approches sont des clés pour comprendre son histoire personnelle. Le passé et le présent sont des sources qui influencent l'efficacité de certaines clés. À titre de bénévole, j'ai observé, durant sept ans, des personnes atteintes du cancer ou de diverses maladies. À cause de notre manière de vivre, la majorité d'entre nous cherchons nos réponses à l'extérieur, ce qui nous éloigne de l'écoute de notre corps et de notre conscience la plus profonde. La peur de mourir et le stress pour la survie deviennent préoccupants, au point de nous éloigner de notre processus naturel de vitalité*. Je ne dis pas que je possède la vérité, mais j'ai observé qu'en règle générale toutes les approches, conventionnelles ou dites alternatives, peuvent être une entrave à notre santé si elles éloignent la personne de l'écoute de son corps, si elles deviennent la seule clé. La personne se perd dans cette clé comme elle peut se perdre en amour, dans le travail, dans le pouvoir, etc.

Dans le cadre de mon travail comme réalisatrice, j'ai observé différentes cultures et religions pour comprendre la santé. Je me suis rendu compte que chaque religion participe à la guérison grâce à des rituels que je qualifie de visualisations de qualité supérieure. Par exemple, les rituels de la religion catholique permettent de contacter « l'onde christique » associée à l'histoire de Jésus, le principal mystique de cette religion. Cette onde est une fréquence que tout individu possède dans ses cellules. Si des maladies sont en contact avec cette onde, des guérisons peuvent se manifester. Chez les bouddhistes*, des rituels particuliers permettent de contacter « l'onde bouddhiste » reliée entre autres à la compassion. Cette fréquence entraîne aussi des guérisons. Selon moi, chaque religion permet de contacter des fréquences de guérison. Mais, il me semble que de nous perdre dans les rituels d'une religion nous éloigne aussi de notre chemin, de notre raison d'être sur la Terre.

Des principes moraux exprimés différemment et interprétés individuellement, selon nos cultures, permettent aussi de contacter ces ondes. Dans ce livre, ces principes sont exprimés par les lois cosmiques* afin de ne faire référence à aucune religion ni à aucun culte. J'ai vu ces mêmes lois exprimées par un vocabulaire différent selon les époques et les cultures. Je crois qu'il faut que ces lois de la vie soient intégrées dans notre quotidien pour notre santé.

Le fait de s'éloigner de ces lois collectivement apportent plusieurs maux, comme des guerres et de la violence sous toutes ses formes. Les jeunes au Québec et en Occident nous reflètent, par le suicide et la violence, l'oubli de ces principes moraux universels que sont, par exemple, l'amour des autres, le respect des opinions, la joie de vivre.

Ce sera le défi de chaque famille et de chaque collectivité de voir comment enseigner et appliquer dans le quotidien ces principes moraux universels pour garder en santé notre société. Je ne dis pas que cette vérité est universelle, puisque ma réalité est personnelle, mais cette perception est partagée par plusieurs individus indépendamment des cultures et des statuts. J'ai rencontré des gens de toutes les nationalités qui ont expérimenté cette vision de la vie.

Enfin, pour le nouveau millénaire, je souhaite que cette deuxième version soit un élément déclencheur pour l'obtention de fonds de recherche. Je tiens à ce que le pont entre le corps, la pensée et la spiritualité soit officiellement fait pour le mieux-être des personnes atteintes du cancer et d'autres maladies.

Bref, nous sommes tous conduits par une force à l'intérieur de nous qui nous offre la chance de guérir. Notre défi est d'être à l'écoute de cette force, appelée aussi intuition. Pour que l'on puisse entendre cette force, des périodes quotidiennes de silence sont nécessaires.

Quelle que soit la méthode préconisée pour se maintenir en santé ou recouvrer la santé, un jour ou l'autre, on prend conscience de l'impact de la pensée sur le mieux-être comme élément important favorisant l'harmonie et la sérénité.

Bonne lecture et bonne chance !

CHAPITRE 1

L'HISTOIRE DE MON PÈRE

*Les choses les plus importantes sont de toujours garder
un esprit heureux, de vivre une vie saine, de maintenir
une foi pure en notre guide spirituel* et en tous les êtres saints,
et d'essayer avec compassion d'aider les autres êtres vivants
par tous les moyens que nous pouvons utiliser.*

Conseil pour la santé de Geshe Kelsang Gyatso,
maître de méditation formé au collège de Sera,
l'une des plus grandes universités monastiques du Tibet

De nouvelles perspectives pour guérir du cancer

J'imagine qu'il doit être difficile pour les spécialistes de la santé d'être en contact continuel avec la souffrance physique. La peur de la mort et de l'évolution de la maladie exercent des tensions. Autrefois, le cancer signifiait systématiquement la mort. Aujourd'hui, grâce à la science et à des approches complémentaires, il est possible de guérir du cancer. Il le sera de plus en plus si la médecine moderne et ceux et celles qui la portent acceptent d'ajuster leurs connaissances avec celles du psychisme et de la métaphysique*. Cela n'est pas chose facile, car la médecine moderne a étudié avant tout le corps humain afin d'être préparée à le guérir, négligeant le cerveau, le psychique et la métaphysique.

Intuitivement, en 1988, j'ai cerné que l'on pouvait se guérir du cancer si nous comprenions, entre autres, la cause derrière la maladie. Devant la guérison de mon père, j'observai, en solitaire, que toute maladie avait des racines dans la tension engendrée par une ou des émotions. Pouvoir parler de ses problèmes et être entendu sans jugements devenaient des clés importantes pour la guérison. Le plus gros défi que j'ai dû relever pour aider une personne atteinte du cancer voulant se guérir était sa peur de la mort, peur bien compréhensible. Un autre élément extrêmement important qui influence la santé de la personne était la réaction médicale. Selon l'humeur du personnel médical encadrant la personne atteinte, celle-ci se sentait en bonne ou en mauvaise santé. Comment réussir à redonner la joie de vivre à une personne que tous condamnent irrémédiablement? La moindre petite fatigue physique chez la personne suscitait la panique, car elle était un signe de retour du cancer, ce qui n'était pas nécessairement le cas.

À l'époque, j'ai senti que la visualisation et la bioélectricité* pouvaient combattre le stress et régénérer les cellules. Mais, à mon grand chagrin pour ne pas dire désespoir, il était quasi impossible d'accompagner une personne dans sa guérison, car trop de personnes, crédibles socialement et souvent médicalement, étaient convaincues de l'imminence de sa mort...

En 1998, j'ai reçu d'un ami psychologue un document intitulé *Fondement d'une médecine nouvelle* de Ryke Geerd Hamer, médecin allemand.

Hamer confirmait mes observations relatives aux traumatismes engendrés par l'annonce du cancer chez la personne atteinte. La tension derrière le mot cancer et le comportement de l'entourage causent souvent un plus grand désordre que la maladie elle-même. Hamer, à titre de médecin, eut la possibilité et le devoir d'aller plus loin que moi dans ses explications et ses méthodes favorisant la guérison du cancer. Sa méthode, appelée la Loi d'airain, est enseignée dans plusieurs pays. Très révolutionnaire dans le monde médical, Hamer a été contesté dans son propre pays, lequel l'a contraint à se retirer en Espagne. Ici au Québec, la Loi d'airain est appliquée de façon informelle, en complémentarité avec d'autres approches, par de plus en plus de psychologues, d'infirmières, de naturopathes, de médecins... Selon les témoignages, les résultats sont très significatifs. C'est pour cette raison que je consacre quelques pages à Hamer.

J'ai présenté les ouvrages écrits par Hamer à plusieurs médecins au Québec. La majorité m'a encouragée à solliciter des partenaires officiels, comme les universités, pour en faire un élément de recherche. Ainsi, les résultats de la recherche pourraient être diffusés dans les milieux officiels de la santé au Québec afin que tous puissent en profiter. À la suite de la lecture des travaux de Hamer sur la guérison de plusieurs maladies dites incurables par notre médecine moderne, je suis de plus en plus convaincue que la Loi d'airain alliée à d'autres approches reconnues au Québec, notamment la méthode Écho du psychiatre Jean-Charles Crombez du Centre hospitalier de l'Université de Montréal, révolutionneront la médecine moderne et permettront la guérison de toutes les maladies, même le sida. Cependant, il faut accepter de regarder la maladie au-delà du corps physique.

Hamer affirme que toute maladie, notamment le cancer, est la meilleure réaction du corps pour répondre à un traumatisme. Ce traumatisme est dû à un choc brutal que cause un événement dramatique produisant un DHS discernable dans l'organisme au scanner cérébral. DHS est le nom donné par Hamer au choc conflictuel extrêmement brutal, dramatique et vécu dans l'isolement au niveau du psychique, cérébral et organique. Selon Hamer, ce choc se manifeste dès le début du cancer. La prise de conscience de ce choc et la solution pour résoudre le conflit sont des clés fondamentales de guérison. Hamer vécut lui-même le cancer (et sa guérison) à la suite du décès brutal de son fils. Cet événement enclencha sa recherche personnelle sur des nouvelles perspectives en médecine.

Ce médecin et auteur considère que la médecine intervient mal étant donné son manque de connaissances dans le processus naturel de guérison de tout cancer. Cela provoque nécessairement des morts prématurées. Dès que le conflit psychique est résolu, le cancer s'arrête dans l'organe atteint et il y a réparation du corps. Dans ses livres, Hamer décrit toute la méthode pour diagnostiquer le cancer et pour accompagner la personne atteinte vers la guérison.

Pendant la phase active du conflit, le patient n'a pas ou peu d'appétit, il dort mal, pense sans arrêt à son conflit ou à son problème [...] Le corps est en situation de « mobilisation générale » pour venir à bout du conflit-problème. Pendant cette phase active du conflit, il y a prolifération du cancer, nécrose ou seulement altération des cellules de l'organe, selon le conflit dont il s'agit [...] Plus le conflit est intense, plus est rapide la croissance de la tumeur [...] Toutes ces conditions changent d'un seul coup lorsque survient la solution du conflit [...] Immédiatement après la conflictolyse, l'organisme peut se relaxer. Il est maintenant urgent que soit régénérée et réparée l'infrastructure d'approvision-nement. Les cellules bêta du pancréas sont stimulées et grâce à l'apport accru d'insuline le patient a constamment faim [...] Le conflit étant résolu, le foyer de Hamer au cerveau commence à se réparer : le tissu de soutien des cellules nerveuses, les glies, est emmagasiné à profusion dans le foyer de Hamer [...] La tumeur s'œdématie elle aussi et guérit. Mais le patient n'est bien portant que lorsqu'il a surmonté aussi la phase de guérison. Cette phase est en soi extrê-mement positive et normalement les cas de mortalité devraient être rares. En effet, les complications, qui ne surviennent que dans un faible pourcentage de cas de cancer, pourraient être maîtrisées si nous disposions de conditions optimales de réanimation. Le taux de mortalité pourrait être ramené à environ trois pour cent si la maladie du cancer était traitée par des médecins et des infirmières intelligents, selon les critères de la Loi d'airain du cancer. À condition bien entendu que le médecin de famille ou, en cas de traitement clinique, le personnel médical, les parents et amis, aient compris ce système[1].

Toujours selon Hamer :

Chez des patientes malades du cancer, la situation se complique du fait que les médecins ne comprennent pas la Loi d'airain du cancer (le cancer provient d'un conflit; guérison = résolution du conflit) : lorsque j'envoyais à l'hôpital pour une intervention minime (par exemple ponction de la plèvre, transfusion sanguine) un patient qui se trouvait déjà engagé dans la phase de guérison consécutive à la solution du conflit, le personnel faisait obstruction : « La circulation est complètement perturbée par le cancer, on n'a pas à se lancer là-dedans, le patron a prescrit la morphine. » On informa ensuite la famille que la circulation étant pratiquement à plat, il valait

---

1. *Fondement d'une médecine nouvelle*, tome 1, p. 88-89.

*mieux laisser le patient mourir en paix et
ne pas le tourmenter inutilement. Au bout
de quelques jours, il succombait effectivement à la morphine[1].*

Il n'est pas facile de faire des choix devant toutes les tendances offertes en santé. Souvent, les différents courants se contredisent, comme ce dernier exemple tiré des écrits de Ryke Geerd Hamer. Vient un temps où le simple citoyen ne sait plus à qui se fier.

À mon avis, un bon professionnel de la santé est quelqu'un qui nous accompagne dans le choix d'un traitement et qui est toujours bien informé. Bien accompagner une personne, que l'on soit thérapeute en médecine alternative ou conventionnelle, veut dire aider à ressentir l'idéal pour elle, dans le moment présent, en fonction de sa conscience profonde. Ce type d'accompagnement représente tout un défi parce que nous croyons en général posséder la vérité pour l'autre et c'est là que les problèmes commencent...

Depuis sa naissance, mon fils a de sérieux ennuis de santé. Divorcés, son père et moi n'avons jamais eu les mêmes convictions quant aux choix pour sa santé. Mon fils est traité par la médecine traditionnelle, vu qu'il vit principalement avec son père.

---

1. *Fondement d'une médecine nouvelle*, tome 1, p. 243.

Pendant que j'écrivais ce chapitre, mon fils est entré d'urgence à l'hôpital pour des troubles intestinaux aigus (colites infectieuses). Je me suis retrouvée auprès de lui, confrontée dans mes valeurs quant à la santé. Avec doigté, je devais être là sans l'être. Je ne sais pas si vous comprenez, mais un jeune de 14 ans sent le besoin impérieux de couper les ponts avec sa mère. C'est l'étape où cette coupure avec les parents permet à l'affirmation de soi* de se développer véritablement.

J'expliquai au médecin de mon fils mes perceptions de la santé et les difficultés de communication que notre famille dysfonctionnelle éprouvait à ce sujet. Le médecin m'écouta. Je lui expliquai que ce qui m'importait pour le moment présent était de créer une ambiance favorable à la guérison. Son intervention comme voix masculine auprès de mon fils et de son père était très importante. Le choix des traitements devait toujours revenir à mon fils. Je proposai au médecin de le mettre en relation avec des spécialistes, dont un médecin homéopathe appliquant une vision globale de la santé, et lui précisai que je réglerais la note.

Nous nous sommes retrouvés tous les quatre dans un bureau près de la chambre de mon fils. Ce médecin venait spécialement pour cette rencontre, non prévue à son horaire, ce qui traduit bien cette médecine humaniste, pratiquée avec le cœur. Le médecin approcha mon fils en lui disant que c'était lui, mon fils, le patron de sa santé. Il a discuté avec lui de sa maladie, de ce que son père pensait, de ce qu'il vivait à l'école et en famille. Cela fut fait avec professionnalisme. Mon fils se sentait soutenu. Il avait le pouvoir de dire oui ou non à certaines approches traditionnelles ou alternatives. Le médecin lui rappela que, comme adultes, nous avions tous nos expériences et nos appréhensions quant à la santé et que personne ne possédait nécessairement la vérité ultime.

Personnellement, je consultais des spécialistes de diverses disciplines pour recevoir des diagnostics et des propositions de traitements. Je transmettais l'information à tout le monde concerné. J'écrivais des lettres au père et au personnel impliqué lorsque je n'étais pas bien avec les traitements ou les examens proposés. Je ne suis pas spécialiste de la santé, mais, comme mère, je peux voir si mon fils me semble trop fatigué pour subir des tests. Pourquoi rester plus longtemps dans un hôpital où la piètre qualité de vie contribue davantage à l'affaiblissement qu'à la guérison ? Je questionnais les personnes concernées quant à la nécessité des tests ou aux effets des médicaments. Pourquoi s'acharner sur un corps fatigué dans le but de savoir à tout prix le nom de la maladie ? Est-ce pour se donner raison ou se sécuriser ? Est-ce nécessaire pour la guérison ? N'y a-t-il pas une autre manière de faire pour sécuriser, apaiser et donner de la vitalité au corps, dans l'immédiat ?

J'ai vu que des ponts pouvaient être établis entre la personne atteinte, la famille et des spécialistes, à condition de se respecter et de ne pas prétendre avoir l'ultime vérité.

Comme mère, j'ai vécu ce que vivent toutes les mères : le doute, la peur de la mort, la culpabilité. J'ai pleuré et j'ai dansé ma douleur, confrontée au peu d'énergie* que j'avais pour visualiser la santé chez mon fils. J'avais à peine de l'énergie pour me rendre au centre hospitalier, passant des parties de la nuit à m'interroger, à écouter de la musique de relaxation, à lire des pensées positives.

Déchirée souvent par mes connaissances en santé globale et l'approche plus dure qu'a choisie mon fils, j'entendrai toujours sa voix très profonde, inconnue pour moi, me dire, alors que je lui proposais un massage à la sortie de l'hôpital : « Écoute, tu sais que j'ai choisi le chimique. J'ai toujours choisi le chimique. Arrête de m'offrir autre chose. » Me souriant, il ajouta : « Ça me prend une pilule. »

Je crois qu'à ce moment j'acceptai que son chemin à lui était la médecine allopathique*. Oui, j'aimerais qu'il prenne cette tisane, qu'il devienne végétarien, qu'il médite et visualise. Il fait tout le contraire. En ce moment, mon fils est ce pont intelligent dressé entre moi et les autres pour grandir et nous faire grandir dans l'harmonie. C'est notre défi à nous, adultes, sinon cela nous arrachera le cœur... encore plus.

En matière de santé, beaucoup de possibilités s'offrent à nous, car nous sommes guérisseurs et guérisseuses à l'intérieur de nous. Nous découvrons des manières personnalisées pour nous guérir. Devant ce fait, plusieurs personnes ont partagé leurs connaissances et servent de sources d'inspiration. Selon moi, il existe autant d'approches pouvant aider le corps à trouver son processus naturel de guérison que de personnes sur la planète. Jean-Charles Crombez, médecin psychiatre et psychanalyste attaché au centre hospitalier de l'Université de Montréal, a compris cela avec la méthode Écho. Pour les personnes touchées par le cancer, il vaut la peine de souligner cette méthode favorisant la guérison intérieure et extérieure...

Écho n'est ni une médecine alternative ni une approche ésotérique ni une nouvelle psychothérapie. C'est plutôt une méthode de travail intérieur qui procure un mieux-être et favorise les processus de guérison. Elle peut être vue comme complémentaire au traitement médical. Lorsqu'il nous arrive un gros problème, il nous en arrive en fait deux, résume brièvement Jean-Charles Crombez. Le problème lui-même : une maladie grave, une vulnérabilité génétique, une lourde perte... Et une deuxième difficulté, qui est l'effet que cette circonstance de vie a sur nous. Cet effet, c'est le « mal-être ». La personne fige comme l'escargot qui rentre dans sa coquille, et elle paralyse du même coup ses processus de guérison. Écho s'adresse au mal-être de façon spécifique, explique Crombez. Alors que le traitement médical ou la psychothérapie s'adresse au traumatisme[1].

1. Thibaudeau, Carole. « La méthode Écho », *La Presse*, 21 mars 1999, p. 27.

Afin de vous aider à comprendre certains paramètres de la guérison du cancer, je vous offre, dans les chapitres suivants, l'histoire de la guérison de mon père, laquelle s'est produite grâce, entre autres, à la technique de la visualisation. Je donne aussi des exemples d'expériences de conscience altérée et de l'information sur la bioélectricité. Le but de ce qui suit n'est pas de développer des connaissances en bioélectricité, mais bien de donner des indices de l'importance de la qualité de la pensée pour la santé. D'autres auteurs développent mieux que moi, dans leurs ouvrages, des connaissances sur la bioélectricité, notamment Barbara Ann Brennan, ex-physicienne à la NASA et thérapeute. Mais, à l'époque, ce fut ces connaissances de base qui m'aidèrent à concevoir des exercices de visualisation pour permettre à ma famille de contrer la peur reliée à la maladie qu'est le cancer. Je crois aussi, quoi qu'il n'y ait eu, à ma connaissance, aucune recherche scientifique sur le sujet, que l'intensité de certaines visualisations permet la régénérescence des cellules.

J'espère que d'autres personnes atteintes et en voie de guérison du cancer oseront de plus en plus livrer des témoignages de leur réussite pour soutenir celles concernées par cette problématique. Pour l'instant, cancer représente avant tout souffrance et mort. Comme un ami psychologue me le disait, « le cancer est une maladie en voie de guérison », alors, arrêtons de mourir du cancer!

Pour certains, le contact avec sa propre source
se fait par l'intermédiaire de la souffrance ;
pour d'autres, c'est plus naturel, on pourrait même dire
que c'est presque magique : à la suite de la lecture
d'un livre, ou à la suite de la rencontre d'une personne,
ou par une expérience extrasensorielle.
Par peur de l'inconnu, du ridicule,
plusieurs vont se fermer à la rencontre
jusqu'à la prochaine fois.
Quoi qu'il en soit, le but reste
toujours le même pour tous : le retour
à l'Essentiel, un jour ou l'autre.

Inka, janvier 1993

La maladie de mon père

Lorsque je regarde mon corps qui souffre d'un déséquilibre quelconque, qu'il s'agisse de la grippe, de la fatigue ou de toute autre blessure, je prends conscience du manque d'amour que j'ai pour les autres, mais avant tout pour moi-même. Il n'est pas facile de se regarder ainsi, de voir ses problèmes à l'intérieur de soi. J'aimerais bien mieux expliquer ma maladie selon l'hypothèse des virus, des microbes ou d'autres théories. Mais, avec tout mon bagage de connaissances de la dimension énergétique du corps et l'expérience que j'ai de ses effets, je ne peux plus me mentir ni mentir aux autres. Le corps parle et à l'intérieur de lui sont inscrites toutes les causes de ses malaises.

Quand je vais moins bien, j'essaie d'arrêter toute activité pour me consacrer à ma seule personne, pour prendre soin de moi, mais quelquefois je n'y parviens pas. Je me donne toutes les raisons pour ne pas entendre mon corps : je suis trop occupée, il faut que je travaille, j'ai besoin d'argent, mes enfants sont trop jeunes, je m'ennuie de mon compagnon de vie, etc.

J'ai remarqué que la maladie commence là, par l'oubli de certains besoins fondamentaux comme le repos, la tendresse, le silence et toujours le manque d'amour envers soi-même, ce qui a un effet sur l'amour que nous portons aux autres. Cette façon de comprendre la maladie ne date pas d'hier et ne vient pas de moi. Tous les courants de pensées dits holistiques reconnaissent que le patient trouve la voie de l'autoguérison lorsqu'il comprend qu'il a consciemment ou inconsciemment participé au développement de sa maladie.

Pour ma part, j'ai pris conscience de la dimension holistique de l'être humain à la lecture d'un livre sur la métaphysique de Baird T. Spalding, *La vie des maîtres*, dans lequel je puise encore des règles de sagesse. Cependant, c'est en 1988, lorsque mon père a su qu'il avait un cancer, que j'ai réalisé toute la portée de la dimension holistique dans la vie de l'être humain.

On me demande souvent ce que veulent dire *holisme** et *métaphysique*. Holisme signifie globalité. Métaphysique est l'acceptation d'une partie de nous-mêmes, dans notre manière d'être, qui va au-delà du physique, sans l'exclure, et qui peut s'obtenir par le développement de facultés propres à l'être humain.

Les concepts d'holisme et de métaphysique nous permettent de concevoir que l'être humain n'est pas seulement physique ou intellectuel, mais qu'il est aussi social, affectif, spirituel, dans le sens des valeurs profondes.

J'ai pu véritablement appliquer des notions reliées à des principes métaphysiques lorsque j'ai appris que mon père avait un cancer du côlon s'étendant jusqu'au foie (néoplasme du côlon avec des métastases hépatiques). Selon certains professionnels de la santé, il ne lui restait que quelques mois à vivre, six mois, tout au plus, puisque le foie, organe vital majeur, était atteint.

Par une belle journée printanière, alors que mon père raclait le gazon devant sa résidence, le cancer se manifesta. Mon père eut des malaises à l'estomac. Au début, il pensa tout simplement à un étirement de l'estomac, mais il s'agissait de l'apparition d'un abcès cancéreux. Pourtant, mon père a toujours été en parfaite santé et voyait régulièrement son médecin de famille.

À l'annonce inattendue de son opération, j'ai été complètement sidérée et désemparée. J'habitais à plus de 800 kilomètres de l'hôpital : comment être utile dans ces circonstances ?

J'ai toujours cru à la force de la pensée sur le déroulement de ma vie et sur celle des autres depuis la lecture du livre mentionné précédemment. J'avais suivi une formation sur la gestion du stress au cours de laquelle j'avais appris certaines notions reliées à tout le potentiel de l'être humain. J'ai donc décidé d'expérimenter ce potentiel lors de l'opération de mon père. Après tout, je n'avais rien à perdre.

À l'époque, je travaillais comme conseillère à l'emploi auprès de la clientèle étudiante d'un cégep. Ma tâche consistait à faciliter l'intégration des jeunes dans le marché du travail.

L'après-midi où mon père devait être opéré, je donnais une conférence sur la recherche d'emploi. Avant d'entrer en classe, je fermai les yeux pour mieux me concentrer ; j'offris à l'Univers, pour mon père, ma rencontre avec mes élèves.

La conférence en classe fut extraordinaire ; chaque geste, chaque parole de ma part était autant d'offrandes pour que l'opération de mon père se déroule avec le soutien de l'Univers. L'atmosphère était chargée de chaleur humaine et de compréhension. À la fin de mon exposé, les finissantes en secrétariat voulurent m'offrir quelque chose pour me remercier. Alors, je leur expliquai ce que je vivais et leur demandai une minute de silence pour mon père, avec la consigne suivante : « S'il vous plaît, selon vos croyances, demandez à l'Univers, à Dieu, à l'énergie ou à la Vie, tout en imaginant une lumière* blanche en provenance de cette source dirigée vers mon père, de lui donner les forces nécessaires pour accepter cet événement, quels que soient les résultats. Les personnes dans la classe qui n'ont aucune croyance dans ce sens, faites le silence par respect pour moi. Merci. »

Ma démarche fut aussi simple que cela. Je sentais intuitivement que je pouvais enclencher cette action sans vraiment en comprendre le pourquoi. Je laissais parler mon cœur en contact avec l'angoisse que je ressentais à l'intérieur de moi à cause de la maladie de mon père.

Le silence se fit. Sans le savoir, nous avons fait une « visualisation de guérison collective ». C'est cette définition que j'ai trouvée quelques mois plus tard en lisant *Techniques de visualisation créatrice* de Shakti Gawain. Cette auteure explique que le principe mis en œuvre dans la guérison personnelle par la visualisation sert aussi à guérir autrui. Le pouvoir de guérison de la conscience est aussi puissant pour soigner les autres que pour se soigner soi-même (et même parfois plus) en raison de l'unicité de l'esprit universel, car, explique-t-elle, une partie de notre conscience est en relation directe avec cette même partie chez les autres, et comme elle est également le lien qui nous relie à l'omniscience et à l'omnipotence divines, nous avons donc tous le pouvoir de guérison auquel nous pouvons recourir à volonté.

C'est donc ce principe du pouvoir de guérison collectif que ma famille, mes amis et moi avons expérimenté lors de la guérison du cancer de mon père.

La santé est reliée à des ondes

Je me suis rendue près de mon père plusieurs semaines plus tard. Il pesait 59,60 kg, ayant perdu 8 kg. Il avait l'air d'un vieillard. Ma mère et lui regardaient la télévision. Les plantes que ma mère affectionnait étaient sèches, les rideaux étaient tirés malgré l'éclatant soleil.

J'ai ouvert les rideaux, j'ai déposé des fleurs devant mon père et mis de la musique « nouvel âge ».

Quand j'ai su que mon père se mourait d'un cancer, je me suis rendue à la bibliothèque du cégep où je travaillais pour trouver un livre sur cette maladie. Je voulais connaître les étapes de l'évolution du cancer. À ma grande surprise, j'ai déniché le livre *La famille, son malade et le cancer* qui relatait des histoires de guérison dans un centre de guérison holistique, situé aux États-Unis. L'auteure, Stephanie Mattews Simonton, expliquait que le cancer se déclare habituellement deux ans après un événement difficile que l'on refuse d'accepter. Le chômage ou la coupure des liens avec un être cher, causée par la mort ou une séparation, sont des événements difficiles qui, lorsqu'ils ne sont pas acceptés, peuvent amener une maladie.

Exactement deux ans avant la manifestation du cancer, mon père avait été contraint à prendre une préretraite. Je me rappelais que cet événement avait été difficile à accepter pour toute notre famille. Était-ce la cause de son cancer?

La même auteure affirmait que toute maladie, y compris le cancer, est un déséquilibre dans la santé globale de la personne. Selon moi, une étape importante vers la guérison est de trouver la cause psychique (l'événement, l'émotion) qui a déclenché la maladie ; ensuite, on aide la personne à trouver l'approche idéale pour harmoniser le corps et le psychisme.

Dans ce centre de santé holistique, environ 45 % des patients, condamnés par la médecine traditionnelle, s'autoguérissent. J'ai communiqué cette information à mon père et à ma mère ; l'atmosphère est devenue moins lourde. J'étais surprise de voir la réaction de mon père : il a parlé de ses peurs, de son opération, de l'annonce de sa maladie. À mesure qu'il se confiait, la tension diminuait. Le soleil commençait à revenir, et l'espoir.

J'ai expliqué à mes parents mes convictions concernant la force de la pensée sur la santé. Forte de mes lectures et de certains exercices d'intériorisation, j'étais persuadée qu'en dirigeant notre pensée vers une source d'énergie supérieure à nous, que je décrivais comme une lumière d'une blancheur éclatante, les atomes du corps physique vibraient à une fréquence différente de celle de la maladie. En fait, la fréquence vibratoire d'une personne malade diffère de la fréquence d'une personne en santé.

En santé, pour changer de fréquence, il faut élever son taux de vibration et cela se fait, entre autres, par l'influence sur la pensée, selon ses valeurs et ses croyances. La pensée est le moteur de l'être humain.

Ma famille et moi s'imaginions une lumière blanche qui vient du ciel, une lumière remplie de santé, d'amour et de paix qui descend sur la tête et tout le corps de l'être afin de pénétrer les cellules malades, si tel était l'idéal pour soi-même et les autres. Ainsi, on nettoie le champ aurique* de la personne afin que les atomes du corps physique vibrent à une fréquence reliée à la santé. Cette imagerie mentale était assez puissante pour influencer le cerveau de mon père et ainsi enclencher son processus naturel de santé.

J'ai également proposé à mon père l'exercice suivant : il imaginait que toutes les pensées de maladie, de tristesse, de peurs, de chicanes, entraient dans la terre pour être purifiées par le feu à mesure que cette lumière blanche circulait en lui.

Tous les jours sans exception, de 10 heures à 10 h 30, dans leur fauteuil préféré, en écoutant une musique de relaxation nouvel âge, mon père et ma mère faisaient cet exercice de visualisation. Ma mère imaginait une lumière provenant d'une source supérieure, qu'elle attribuait à Jésus étant donné ses croyances religieuses, descendre sur mon père. Elle le visualisait en bonne forme physique.

Tous les membres de notre famille et des amis avaient le même mandat : ils visualisaient tous mon père en bonne santé, souriant, sans se préoccuper des résultats.

J'ai initié mes parents à certains concepts reliés au corps et aux centres énergétiques (diverses énergies rayonnant autour du corps), à l'âme*, à la réincarnation, à tous ces concepts métaphysiques méconnus par la majorité des Occidentaux mais acceptés par les Orientaux.

Je me rappelle que le lendemain, nous sommes allés faire une promenade en automobile malgré la grande faiblesse physique de mon père. Il allait déjà mieux ; il reprenait espoir en la vie. Le fait d'avoir démythifié la mort (nous avions parlé de la réincarnation et de voyages hors du corps) et même de l'avoir acceptée comme possibilité de croissance avait détendu l'atmosphère.

Je suis finalement rentrée chez moi, après deux jours de visite à la demeure familiale, en me détachant émotivement de l'état de santé de mon père. Nous verrions bien avec le temps...

Une semaine plus tard, ma mère m'informait que mon père prenait du mieux. Il mangeait un peu et se déplaçait plus facilement dans la maison.

« Nous visualisons tous les jours de la Lumière, me dit ma mère. Envoie-nous de l'énergie, des pensées positives. »

Les semaines, les mois passèrent. La « guérison » de mon père allait à l'encontre de tout pronostic, au grand étonnement de l'équipe médicale. En fait, son état de santé ne correspondait pas à ce qui était prévu, soit une diminution graduelle de ses capacités jusqu'à la phase terminale menant à la mort. Au contraire, au mois de juin, mes parents venaient me visiter sur la Côte-Nord, un voyage qui représente huit heures de route. C'est mon père qui conduisait. Il était resplendissant de vitalité. Il voulait être opéré pour ne plus avoir à porter le sac qui remplissait les fonctions de l'intestin : « Je veux vivre en parfaite santé avec tous mes morceaux ou alors j'aime mieux mourir. »

Mon père trouvait inconfortable sur sa peau ce sac de plastique qu'il fallait vider et nettoyer. Il voulait se débarrasser de ces petits inconvénients qui alourdissaient son quotidien.

En septembre, l'équipe médicale de l'hôpital Notre-Dame réopéra mon père pour redonner à son corps ses fonctions normales et elle constata que tous ses organes étaient en bon état, même le foie.

Par la suite, mon père accepta quelques traitements de chimiothérapie. La spécialiste pratiqua avec lui des visualisations pour que le corps physique ne garde que ce dont il avait besoin afin de limiter les effets néfastes du traitement. Ainsi, mon père ne ressentit que peu d'effets secondaires ; les traitements l'endormaient, tout simplement.

À l'époque, sans trop me l'avouer, je pensais quelquefois qu'il était en rémission.

Dans tout ce processus de croissance, mes parents modifièrent lentement leur alimentation pour diminuer leur consommation de viande et se nourrir avec des produits plus sains.

Un an après l'annonce du cancer de mon père, ils acceptèrent de rencontrer deux thérapeutes holistiques de qui j'avais reçu des traitements pour m'aider à « décristalliser* » certains blocages dans mes corps physique et énergétique.

Dix ans après l'apparition de ce cancer, les examens de routine étaient toujours excellents. Le cancer de mon père a passé comme une mauvaise grippe et pourtant son corps était si malade !

De plus en plus de personnes atteintes de différentes maladies ont décidé, comme mon père l'a fait, de contacter consciemment par leur pensée leur propre processus naturel de guérison et sont témoins de la force de la vitalité du corps.

CHAPITRE 2

QUELQUES DÉFINITIONS
DE CONCEPTS HOLISTIQUES

Beaucoup de personnes conso
l'Énergie par le:

D'autres par la nature, par les arts.
D'autres découvriront l'Énergie dans la maladie,
dans la souffrance, dans la pauvreté...

D'autres comprendront l'Énergie dans le regard
d'un enfant. Plusieurs auront besoin de preuves,
de rituels, de cours, d'ateliers. Tous découvriront
l'Énergie dans la méditation, la contemplation
et la prière. Mais l'Énergie sera véritablement
démystifiée lorsque chacun comprendra qu'il est
lui-même énergie en contact direct avec Dieu.

Inka, mai 1995

Qu'est-ce que l'énergie ?

Toute matière est composée d'atomes, n'est-ce pas ? Que ce soit un corps humain, une plante, un animal ou un objet, tous constituent des amas d'atomes dans lesquels électrons et neutrons dansent et bougent continuellement. Selon la vitesse de leurs mouvements, appelée vibration, il s'agit d'un liquide, d'un solide ou d'un gaz. Qu'est-ce qui fait vibrer les atomes ? C'est l'énergie qui est omniprésente dans tout, dans la vie. Dans le corps physique, l'énergie est ressentie facilement selon l'état de la fatigue ou de la capacité d'agir. Les expressions « je suis vidée », « je suis à plat » ou « je déborde d'énergie » sont populaires dans notre quotidien et reflètent bien notre état énergétique.

Chez l'être humain, la capacité énergétique est très dépendante de la pensée. Les atomes du corps physique vibrent à une vitesse différente selon une pensée agréable ou désagréable. Des pensées de peur sont très différentes des pensées d'amour, n'est-ce pas? Elles provoquent donc des effets différents dans notre corps et sur notre tempérament.

Les vibrations des atomes du corps physique, déterminées par la qualité des pensées, influenceront le champ électromagnétique, appelé aussi aura ou bioélectricité, entourant le corps de l'individu.

Ce champ se situe autour du corps de chaque être humain et, dans sa globalité, prend la forme d'un œuf. Cet « œuf » est composé de différentes couleurs lumineuses. Certaines couleurs correspondent à la façon de penser de l'être humain. Lorsque l'être humain est en parfaite harmonie avec son environnement, en bonne santé physique et mentale, la vitalité circule dans son corps et peut ainsi nourrir toute la globalité de sa personne. Si la personne est malade, cette énergie de vie circule moins. Les rayons d'énergie de couleurs différentes nourrissant particulièrement certains centres d'énergie, ainsi que les différents corps énergétiques*, sont disparates. Des nœuds grisâtres et brunâtres apparaissent dans les corps et diminuent les fonctions des divers centres d'énergie. La personne se sent fatiguée, épuisée ou trop excitée; l'énergie circule mal. Selon le degré de la tension de l'émotion dans le corps aurique*, la maladie s'installe.

Un élément influent de la santé est de retrouver la luminosité du corps aurique. Voilà une clé de guérison pour certains. En améliorant la densité et la luminosité de l'irradiation autour et à l'intérieur du corps, nous permettons aux cellules du corps de se régénérer. Tout ce processus est axé sur la qualité de la pensée ; la pensée doit référer au soi, c'est-à-dire à un état d'amour, de paix intérieure. Les corps énergétique et physique sont réparés et régénérés cellule par cellule lorsqu'ils sont nourris par cette vitalité. Quelquefois, nous avons besoin d'aide pour que notre pensée se libère des émotions ; des outils comme l'homéopathie, le massage thérapeutique, divers traitements énergétiques, une rencontre avec une personne positive ou un psychologue, l'intériorisation et d'autres approches favorisent cette libération des consciences, ce qui a un effet bienfaisant sur la bioélectricité du corps physique.

Un bref historique de la métaphysique

Depuis toujours, les peuples de toutes les époques ont reconnu l'existence d'une sagesse, d'une intelligence divine, de la vie. Dans les mythes et les rituels, il y a création d'un dieu, d'une déesse ou d'un démon pour expliquer et solutionner les problèmes, pour guérir les malades, pour dicter les valeurs...

Socrate, Platon et Aristote ont proposé des approches axées sur la pensée rationnelle et déductive. Aujourd'hui, cette pensée inspire toujours les dirigeants et dirigeantes des milieux publics, notamment les organismes de santé, les écoles, etc., au nom de la science, une démarche dite rationnelle et déductive. La reconnaissance de la vie, de la dimension spirituelle de l'être humain, devient donc l'affaire exclusive des diverses religions et sectes.

Selon les époques, quelques philosophes, sages et mystiques, des chercheurs et des pédagogues ont mentionné l'existence d'un principe organisateur de la vie qui éduque l'individu par des événements afin que celui-ci développe son unicité en interrelation avec ce principe. Ce principe organisateur est appelé aussi chemin de vie par quelques auteurs.

Aujourd'hui, plusieurs spécialistes du développement humain, tels que Abraham Maslow, Carl Jung, James Bugatel, Roberto Assagioli, Victor Franks et Carl Rogers, aident l'individu à prendre conscience de ce principe organisateur de la vie.

Carl Rogers et James Bugatel cherchent à aider la personne dans son développement en harmonisant les différents éléments du corps pour intégrer l'esprit. Abraham Maslow et Carl Jung, des psychologues transpersonnels, parlent plutôt de transcendance, d'identification à l'être universel, de la poursuite de la vérité pure. Pour sa part, Roberto Assagioli, psychiatre de grande renommée et fondateur de la psychosynthèse, écrit dans l'un de ses livres cette observation relative à la communication avec le soi :

> *Les comptes-rendus d'expériences reli-*
> *gieuses parlent souvent d'un appel de*
> *Dieu ou d'un attrait de quelque pouvoir*
> *supérieur ; cela entame parfois un*
> *dialogue entre l'homme ou la femme, et*
> *cette Source supérieure*[1].

Par la psychosynthèse, Assagioli propose des modèles qui aident la matière et l'esprit à fusionner afin d'amener l'être humain à se réaliser pleinement. Il parle du soi comme source supérieure de vie. Ici, la notion du soi sera retenue afin de faire abstraction de tout regroupement ou de toute idéologie religieuse que pourrait susciter l'emploi d'un autre concept, Dieu par exemple.

---

1. *Psychosynthèse, principes et techniques*, p. 8.

Brown, Young Molly apporte une précision :

Le soi se distingue de l'ego* tel que couramment conçu. L'ego implique habituellement l'orgueil, l'égoïsme, l'intérêt pour la gloire personnelle et l'enrichissement. Le soi est sans qualité. Il est pure conscience, sans contenu, source de l'énergie, de l'intention, du choix, en un mot la volonté[1].

En santé, lorsque l'on considère le soi, on permet à l'individu de participer à sa propre guérison à l'aide de son unicité. Il entre en contact avec son énergie, son plein potentiel, à partir de ce qu'il est dans l'immédiat. En fait, il faut considérer que toute personne porte en elle sa propre sagesse, son propre élan de vie, et que l'on peut y référer comme à la partie la plus sage de l'être. Cette étincelle divine est présente chez tous les êtres humains et est la même que l'on soit médecin, assassin, déficient mental ou professeur d'université. Elle est la même partout, mais c'est à chacun et chacune de s'y référer quotidiennement. Cette partie guide l'individu et s'exprime à travers toutes ses dimensions, à condition de ne pas bloquer sa vitalité.

1. *Le développement de l'être*, p. 30-31.

La visualisation

La définition officielle de la visualisation est de voir, de sentir des images avec son cerveau. Tout le monde visualise consciemment ou inconsciemment. Préparer une réunion, planifier un voyage, prévoir une compétition sportive sont des formes de visualisation. Le tout est de le faire positivement.

Plusieurs recherches scientifiques nous offrent des théories sur le fonctionnement du cerveau. Pour mieux comprendre le processus de la visualisation, je retiens la théorie du cerveau évolutif de Maclean (1978, dans Galyean 1986). Les recherches de cet auteur démontrent que nous avons trois cerveaux en interrelation :

- le reptilien, responsable, entre autres, de toutes les fonctions du corps, des caractéristiques héréditaires et de l'imitation ;
- le limbique, considéré comme la source de nos émotions ;
- le néocortex, où logent les centres supérieurs de l'être humain, tels l'intuition, la créativité, le magnétisme et la clairvoyance.

Une source de nos maladies se trouve dans le limbique, où logent des images et des mots représentant des émotions et des pensées. Nous passons à l'action en fonction de ce qui est programmé dans notre cerveau limbique. Comme une bande sonore, ce cerveau enregistre n'importe quoi sans discernement, le positif comme le négatif.

Un enfant captivé par une émission de télévision peut se prendre pour le héros de l'émission et passer à l'action en fonction de ce qu'il a enregistré dans son cerveau limbique. Nous avons tous entendu parler des réactions de jeunes enfants qui se sont pris pour Batman et qui se sont jetés par la fenêtre pour voler. Il s'agit là d'un exemple d'une programmation visuelle dangereuse et désavantageuse.

Il en va de même pour les jeunes qui sont violents, agressifs, qui se servent des moyens « enseignés » dans leur milieu de vie (famille, école, télévision, amis) pour s'exprimer. C'est pourquoi le langage, les mots, les images que nous employons ont un effet constructif ou destructeur en fonction de la charge émotive qu'ils déclenchent en nous. De là l'importance d'employer des mots positifs, comme amour, paix, santé, lumière, abondance, succès.

Pour programmer le système limbique avec des images et des affirmations, il faut se détendre, être en état « alpha », soit l'état de grande détente souvent atteint avant le sommeil ou juste au réveil. Par la suite, il faut penser à des affirmations ou à des images positives, par exemple : « Je suis en santé, je suis en santé, je suis en santé ; la paix me pénètre, la paix me pénètre. »

Nous pouvons aussi imaginer un soleil doré, dont les rayons font fondre nos émotions destructives, nos maladies, pour nous remplir d'images qui nous apportent du bien-être. D'autres symboles peuvent s'avérer plus efficaces, selon la perception de chacun.

La forme de la pensée

Pour favoriser sa guérison, mon père imaginait quotidiennement qu'une lumière de paix et d'amour provenant du soi pénétrait tout son corps pour dissoudre la maladie, les peurs, pour remplacer tout sentiment destructif par le pardon, le détachement, l'amour, la paix, la santé. Le cerveau limbique fut assez impressionné pour déclencher dans son corps les processus nécessaires à la régénération de ses cellules, donc le retour de la santé.

En fait, nos pensées ont une forme. Je l'ai constaté lors d'expériences de clairvoyance. Lorsque nous avons une pensée, celle-ci prend une forme « gazeuse », comme un nuage, et se tient dans notre champ électromagnétique. Selon l'intensité de notre émotion relativement à cette pensée, nous nourrissons cette forme qui va grossir et attirer les événements pour concrétiser notre pensée. Par contre, l'indifférence fait disparaître la forme dans le champ d'énergie. D'où l'importance d'avoir des pensées pures et agréables. Cela semble incroyable, n'est-ce pas ? C'est pourtant une loi universelle qui profite à tout le monde : pauvre, riche, innocent ou intellectuel.

Il y a plusieurs années, lorsque j'étais coordonnatrice d'un centre d'emploi d'été pour étudiants, je travaillais avec une collègue qui avait une peur horrible de voyager en autocar. Cet été-là, à cause de compressions budgétaires, elle dut prendre l'autocar pour se rendre à un atelier de formation, alors qu'habituellement le transport se faisait par avion. Or, durant son voyage, elle vécut un accident d'autocar. Personne ne fut blessé, sauf elle, qui dut être hospitalisée et dont la convalescence s'est prolongée durant une bonne partie de l'été. L'intensité de son sentiment de peur à l'égard des autocars était si forte et nourrie depuis si longtemps que la forme dans son champ énergétique organisa les événements pour répondre à sa peur.

De là vient l'expression que nous sommes tous des dieux, cocréateurs de notre vie. Nous entretenons tous des peurs : peur d'être malade, peur des accidents, peur de vivre un échec, de manquer d'argent; nous nourrissons intensivement la forme « pensée de la peur » dans notre champ, si bien que les événements viennent répondre à celle-ci. Il est important d'annuler nos peurs et de programmer des pensées positives. Personnellement, devant mes peurs, je visualise une lumière blanche et dorée qui m'entoure, puis j'affirme ceci : « La Lumière me protège, la Lumière me protège, la Lumière me protège, la Lumière me pénètre, la Lumière me pénètre, la Lumière me pénètre, je suis Lumière, je suis Lumière, je suis Lumière. Rien de désagréable ne peut m'arriver. »

J'entoure tout – les enfants, l'automobile, la maison – de ma pensée, de cette lumière ou énergie. Ainsi, par ma pensée, j'élève le taux de vibration des objets et j'assure une forme de protection, car tout ce qui est matériel émet aussi son propre champ d'énergie (vibration d'atomes). Par ma pensée, je communique avec ce champ vibratoire pour l'élever vers le soi. C'est trop nouveau, inconnu ? Tentez l'expérience et vous aurez vos preuves. Après cela, vous aurez de plus en plus foi dans vos capacités.

La force de la pensée sur la santé

Grâce à certaines lectures et à certains ateliers de formation, j'ai appris que toutes nos pensées prennent forme et attirent ce qu'il faut pour que tout se concrétise. J'ai donc commencé à faire attention à toutes mes pensées pour que celles-ci soient positives. Je lisais tous les jours des principes moraux reliés à l'harmonie des centres d'énergie du corps pour me programmer dans ce sens (lois présentées dans le chapitre 3 de cet ouvrage). Je pratiquais régulièrement la visualisation, la méditation, en me fixant un centre d'énergie situé entre les deux sourcils, soit le troisième œil, appelé le frontal.

J'ai découvert ce centre en faisant l'exercice suivant. On fixe une source lumineuse intense (ampoule électrique) durant une minute et on ferme ensuite la lumière pour se retrouver dans l'obscurité. On ferme les paupières et on se concentre sur le point lumineux qui apparaît. Ce point est le centre frontal, le troisième œil. En dirigeant sa pensée vers le centre cardiaque (le cœur) et le soi, on sent qu'un sentiment d'amour et de compassion s'installe.

Toujours en se centrant sur le ou les points de couleur perçus par le frontal, on envoie par sa pensée cette énergie à toute personne à qui l'on pense, en demandant au soi que la personne reçoive ce dont elle a besoin, sans juger de ce qu'elle doit recevoir. Qui sommes-nous en effet pour savoir ce dont une âme a besoin ? Il est important dans cette pratique d'essayer d'avoir un détachement total relativement aux résultats.

C'est de cette façon que j'ai commencé à me servir de ce centre d'énergie pour aider les autres. Tout le monde peut le faire, même les enfants. Je suis encore étonnée des résultats !

Je me rappelle une de mes premières expériences de visualisation de guérison pour autrui, autre que celle de mon père. Au bureau, Martin était venu me voir. Il était dans un état dépressif. Plusieurs années auparavant, il avait été hospitalisé quelques jours à cause d'un état avancé de fatigue. Il me raconta donc sa peur de redescendre aussi bas et me demanda de lui envoyer de l'énergie.

Le soir, vers 20 h 30, je m'installai dans un endroit calme pour atteindre une certaine paix. Je me concentrai pour ressentir de l'amour pour lui. Je demandai au soi-Dieu – selon mes croyances – d'être inspirée dans cet acte. Cet amour s'intensifia de plus en plus. Mon corps vibra et je me sentis vraiment bien. Je fermai les yeux et j'envoyai à mon ami ce sentiment par le centre frontal situé entre mes deux sourcils. Mon exercice dura une vingtaine de minutes, période entrecoupée par diverses pensées ; il n'est pas toujours facile de se concentrer, mais cela est tout de même efficace.

Le lendemain, Martin vint me voir en s'écriant : « Qu'est-ce que tu m'as fait ? Je m'étais couché très tôt et, tout d'un coup, vers 21 heures, je me suis réveillé ; je me sentais joyeux, en paix ! Je me suis levé et j'ai mangé. J'ai réveillé mes enfants pour jouer avec eux. »

La visualisation de guérison permet à la personne de retrouver de la vitalité. Avec le temps, la personne doit découvrir les causes de sa dépression ou de sa maladie pour trouver elle-même ses aptitudes et les habitudes à respecter pour le maintien de sa santé.

Depuis, j'ai expérimenté cette forme de visualisation dans diverses situations : pour aider des malades, pour contrer des situations de violence, comme la guerre ou des disputes. La force de notre pensée n'a pas de limites. Il faut l'expérimenter, c'est la seule façon de comprendre.

CHAPITRE 3

LA BIOÉLECTRICITÉ

*Ce dont nous avons besoin
dans le traitement du cancer,
c'est d'imagination, nous devons
trouver une nouvelle vue du monde.*

Richard Philips Feynman,
lauréat du prix Nobel de physique en 1965

Les principes universels de la bioélectricité

J'ai emprunté le terme *bioélectricité* au médecin et professeur à la faculté de médecine de Nantes, Bernard Herzog, auteur de *Nouvelles pistes pour guérir le cancer*. Ici, la bioélectricité réfère à l'énergie qui émane de notre corps. Cette réalité est enseignée notamment en acupuncture. En Orient, cette énergie est appelée, selon les auteurs, aura ou chakras*. Aux États-Unis, l'auteure et ex-physicienne à la NASA, guérisseuse au Core Energetics de New York, Barbara Ann Brennan, nomme cette énergie le champ d'énergie universel. Pour ma part, je trouve que le mot bioélectricité traduit bien cette dimension de la personne.

La bioélectricité est intimement reliée à la santé du corps physique autant que le sont le sang, les os et tout autre organe. Elle s'ajuste aux valeurs et aux émotions de la personne. Le corps est nourri selon la qualité et la quantité de cette énergie, ce qui lui donne la santé. Sa qualité est reliée à l'environnement (pollution, alimentation, etc.). Plus concrètement, elle se quantifie par les notions d'ondes et de fréquences. Selon Brennan, le taux de 7,5 à 8 hertz est la fréquence de la santé. Chaque maladie est reliée à une fréquence. Par l'application de sons, de couleurs, de principes de vie, comme la joie de vivre, la santé peut revenir facilement... Selon moi, c'est la médecine de l'avenir.

Nos physiciens, ingénieurs et autres technologues ont développé des connaissances en ondes et en fréquences nous permettant d'avoir accès aujourd'hui à ce que nous n'imaginions même pas il y a quelques décennies. Téléphones cellulaires, ordinateurs, laser sont des exemples du développement scientifique. Il nous reste à prendre conscience des fréquences de notre corps et à comprendre comment elles fonctionnent. L'ordinateur est le cerveau et la pensée en est le moteur. En utilisant mieux cet ordinateur, l'individu pourra réaliser son plein potentiel et retrouver l'essentiel, notamment la santé. Si l'humain fait abstraction de la bioélectricité et de la métaphysique, cela l'amène à polluer, à surconsommer, à développer des comportements sociaux reliés à des formes de violence et à créer toute une panoplie de maladies. Les coûts administratifs de tous ces problèmes augmentent en fonction de l'évolution de nos maux alors qu'il serait moins dispendieux d'éduquer et d'offrir dans nos structures administratives des programmes d'éducation de la santé dans lesquels seraient réunis le physique, le psychique et la métaphysique. Plusieurs fondements de ce type de programme sont exprimés dans ce livre et dans nombre d'ouvrages. Par exemple, s'intérioriser quotidiennement est un élément de la santé. Cependant, si la productivité se fait au détriment du repos de la personne, autrement dit si la pause est sacrifiée, la santé s'en ressentira. Les exemples sont évidemment nombreux.

La guérison de mon père m'a amenée à m'intéresser de plus en plus à la dimension énergétique du corps humain.

Le corps n'est pas seulement constitué de chair et de sang. Sept principaux centres d'énergie contribuent à l'équilibre de tout le corps, dans ses dimensions physique et psychique.

LES CHAKRAS OU CENTRES D'ÉNERGIE

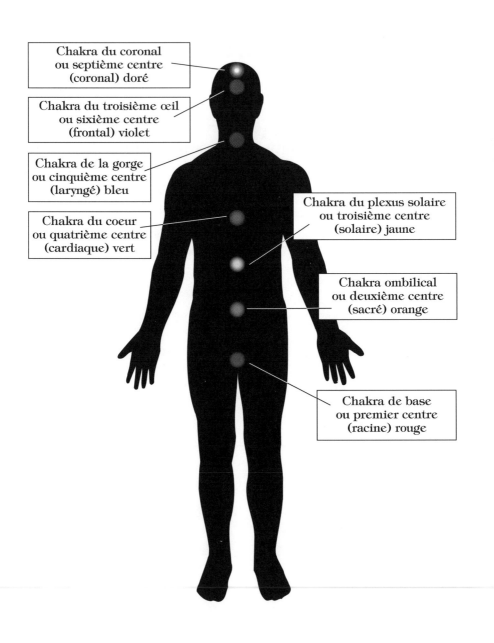

Chakra du coronal
ou septième centre
(coronal) doré

Chakra du troisième œil
ou sixième centre
(frontal) violet

Chakra de la gorge
ou cinquième centre
(laryngé) bleu

Chakra du coeur
ou quatrième centre
(cardiaque) vert

Chakra du plexus solaire
ou troisième centre
(solaire) jaune

Chakra ombilical
ou deuxième centre
(sacré) orange

Chakra de base
ou premier centre
(racine) rouge

Le premier centre

Le premier centre s'appelle racine. Il est situé au bout de la colonne vertébrale (coccyx), au niveau des glandes sexuelles. Le centre racine est relié à l'énergie sexuelle, à l'aspect matériel des choses et aux instincts primaires. Un blocage à ce niveau amène l'individu à chercher une sécurité éphémère par des accumulations de toutes sortes : biens matériels, assurances, diplômes, partenaires sexuels, etc. La visualisation d'un soleil rouge à ce niveau, qui distribue tous ses rayons dans le corps, la pratique d'approches reliées à la respiration, comme le yoga ou le *rebirth*, ainsi qu'une vision juste de la sexualité, dans le sens sacré et relié au soi, rééquilibrent ce centre. L'incompréhension des besoins sexuels et la culpabilité que les individus développent relativement à ces besoins sont la cause majeure d'un blocage dans ce centre d'énergie.

Notre éducation sexuelle est à revoir. En fait, la sexualité doit se vivre comme une union avec le soi, laquelle est partagée par deux partenaires qui se sentent attirés par le cœur et non seulement sur le plan physique. Lorsque l'on est attiré physiquement sans l'être par le cœur, l'échange énergétique est axé sur le plaisir des sens et disperse l'énergie de vitalité à l'extérieur des corps physiques. Un partenaire peut se sentir vidé, épuisé après un échange sexuel centré sur la surexcitation des sens. Ce type d'échange est pourtant nécessaire, car il permet de passer à une pratique sexuelle axée sur la communion du divin de l'un avec celui de l'autre.

La pratique d'une sexualité axée sur le soi s'appelle le tantrisme. Le tantrisme englobe plusieurs philosophies. De même, plusieurs écoles sont associées à des valeurs et à des rituels. En résumé, le tantrisme implique que, lors de l'échange sexuel, l'homme n'éjacule jamais tandis que la femme ne permet jamais que l'orgasme éclate. Il y a échange d'énergie sexuelle par les corps physiques, par les centres d'énergie, allié à la respiration, à la visualisation. La pensée est axée sur le soi. Chaque geste est un rituel sacré, empreint de tendresse pour l'autre, de délicatesse, d'amour. Cette forme de pratique sexuelle, très énergisante, peut même entraîner la guérison physique.

La communion de deux âmes permet d'atteindre quelquefois d'autres plans de l'Univers ; on peut même entendre de la musique céleste conjointement et percevoir les corps énergétiques. Il va de soi que le couple qui vit sa sexualité de cette façon est pleinement conscient de sa divinité, de l'amour universel.

Il faut reconnaître l'énergie sexuelle et le plaisir qui en découle comme quelque chose de normal et de sain, sans toutefois y centrer toute son attention. La connexion entre le chakra racine et le chakra du cœur doit être établie avant de pouvoir pratiquer une sexualité énergisante (tantrisme). À défaut d'un partenaire pour lequel on ressent de l'amour, il faut reconnaître les bienfaits de l'énergie sexuelle et accepter sa situation sereinement. Si cette énergie est trop perturbante pour certaines personnes seules, il faut la transcender par le sport, la créativité, la méditation, le massage, l'amitié véritable et même la masturbation. L'énergie sexuelle est la même énergie qui régit toute vie, toute action; elle circule dans le centre racine, ce qui provoque une sensation de plaisir. Si ce centre est en harmonie avec l'ensemble du corps, cette sensation est agréable et favorise le maintien d'une bonne santé.

Le deuxième centre

Le deuxième centre, situé au-dessus du pubis, se nomme le sacré. Des émotions reliées au passé familial, au karma, à la peur de la mort déséquilibrent le sacré. La visualisation d'un soleil orange, la compréhension de l'immortalité, de la réincarnation et des vies antérieures, les approches où l'eau est présente et le droit de pleurer harmonisent ce centre.

Le troisième centre

Le troisième centre s'appelle le solaire et distribue l'énergie du soleil (la lumière du jour) à travers tout le corps. Il est situé au-dessus du nombril. C'est dans ce centre que la haine, la colère et la jalousie se réfugient, que la domination sur les autres s'affirme. Pour retrouver l'équilibre de ce centre, on doit apprendre à exprimer toutes ses émotions sans domination. La visualisation d'un soleil jaune à ce niveau est un moyen intéressant. S'accepter soi-même et accepter les autres dans leur unicité font de la société un milieu en évolution constante.

Le quatrième centre

Le quatrième centre est le cardiaque, situé entre les deux seins, dans la poitrine. Lorsque le cardiaque s'ouvre, une chaleur, des picotements, un changement dans le rythme cardiaque, associés à une paix intérieure et à l'amour inconditionnel, sont ressentis. C'est le centre de l'intuition, de la guérison pour soi et pour les autres. Ceux et celles qui développent le don de la guérison travaillent avec ce centre. La visualisation d'un soleil vert, la pratique du détachement, de la spontanéité et de la serviabilité, la confiance en soi et en l'Univers permettent à ce centre de grandir.

Le cinquième centre

Le cinquième centre s'appelle le laryngé. Centre de la communication, il est localisé dans la gorge. Le développement de ce centre amène le don de guérison par la voix, la clairaudience (communication auditive avec d'autres sphères de vie), la compassion pour tous. La créativité s'intensifie en fonction de l'unicité de la personne. La visualisation d'un soleil bleu et l'originalité dans tous les domaines facilitent le développement de ce centre.

Le sixième centre

Le sixième centre, le frontal, connu aussi sous le nom de troisième œil, est situé entre les sourcils. De lui vient le don de la clairvoyance, des visions, de l'imagination. La méditation créatrice et la visualisation par l'imagerie mentale d'un soleil violet, nourrissant toutes les cellules du corps, favorisent le développement de ce centre.

Le septième centre

Le septième centre d'énergie, le coronal, se trouve au-dessus du crâne. Lorsque ce centre est connecté (réveillé) à l'Univers, des malaises physiques passagers peuvent apparaître, tels que des pressions au niveau de la tête, des éclairs dans les yeux, des bouffées de chaleur, des vomissements ou diarrhées mineurs, des évanouissements. C'est la fusion avec le soi, la kundalini*, c'est-à-dire que l'énergie part du premier centre pour monter de centre en centre et sortir par le coronal. Des phénomènes extrasensoriels se manifestent alors à différents degrés; l'être humain fait un avec l'Univers. La personne se perçoit au service du divin. Ces états passagers d'extase permettent à la personne de conscientiser d'autres réalités.

Cependant, dans cette période, la personne peut ressentir des états dépressifs, du doute. Après ces poussées de kundalini, l'intégration de cette énergie oblige la personne à découvrir des blessures reliées à des sentiments cristallisés, d'y trouver des solutions pour permettre une meilleure circulation d'énergie. Dans tout ce processus s'échelonnant sur plusieurs années, la personne doit demander de l'aide professionnelle en fonction de la conscientisation de ses besoins. L'individu peut éprouver le besoin de se retirer de la société ; il devra être à l'écoute pour que ce retrait ne devienne pas une entrave à sa guérison, à son évolution. En effet, ce retrait nécessaire dans le processus peut devenir nuisible s'il constitue une fuite par rapport à son rôle social, à sa participation comme citoyen. Une forte dépression, la maladie physique ou même le suicide peuvent résulter de ces périodes de conscience altérée, ce qui oblige la personne à contacter son soi régulièrement et à respecter réellement son chemin de vie en communion avec la fréquence de la vie. Vivre l'instant présent, dans l'action, en étant à l'écoute de son corps, des événements extérieurs, en communion avec le soi, devient d'une importance vitale. Une communication constante avec le soi, l'inconscient et l'ego s'harmonise pour amener un calme stable mais non permanent. Les cultures orientales considèrent ces passages d'un état normal à une conscience altérée comme des étapes vers la réalisation, l'illumination, but ultime de l'évolution d'une personne. Toujours selon ces cultures (le bouddhisme par exemple), la personne ayant obtenu cette réalisation n'est plus perturbée par les émotions ni par la souffrance intérieure que nous subissons tous, à différents degrés. Personnellement, je pense que l'illumination permanente se vit par la téléportation de son corps physique, quelques jours après sa mort. Ce phénomène est relaté dans différents témoignages mystiques, dont le plus connu au Québec est celui de Jésus et de Marie, sa mère, qui auraient atteint cette étape. Il y a aussi dans l'ouvrage bouddhiste *Le livre tibétain de la vie et de la mort*, de Sogyal Rinpoche, des témoignages de ce type d'expérience mystique.

Durant ce cheminement individuel, il est donc important, selon ses besoins et ses réalités quotidiennes, de chercher du soutien auprès de différents organismes et associations reconnus (attention aux groupes dogmatiques et fanatiques) ou auprès de différents thérapeutes avec qui l'on se sent bien.

Dans ce contexte d'évolution, la maladie est une occasion merveilleuse de développer son potentiel et d'avoir une tout autre perception de sa présence sur la Terre.

Un modèle de la santé holistique

Outre l'énergie vitale que l'on fournit, le corps physique doit être équilibré pour être maintenu en santé. À partir d'un modèle de la santé holistique du docteur Serge Mongeau, on peut qualifier les éléments suivants de piliers de la santé :

- l'alimentation ;
- l'écologie ;
- l'activité physique ;
- l'intériorisation ;
- les valeurs morales universelles.

Pour conserver son équilibre, il faut considérer ces éléments quotidiennement.

L'alimentation doit être saine et naturelle, c'est ce que je retiens de toutes les philosophies relatives à la façon de s'alimenter. Tous les produits raffinés sont à proscrire (sucre blanc, pain blanc, etc.). Il est essentiel de revenir à une alimentation naturelle, qui se rapproche le plus de ce que nous offre la terre.

Les aliments dans nos épiceries sont raffinés et contiennent des produits chimiques, comme des colorants et des agents de conservation. Ces produits ont des effets subtils sur notre corps, générant différentes réactions : démangeaisons, diminution de la protection du système immunitaire, fatigue croissante, augmentation du stress. La consommation de produits naturels, biologiques, sans agent chimique, est un facteur important pour obtenir une meilleure circulation de l'énergie vitale.

Les besoins en alimentation sont différents d'une personne à l'autre. Ils dépendent de notre structure physique et de l'activité pratiquée (travail, loisirs), de la saison, de l'endroit où l'on habite, c'est-à-dire en haute ou en basse altitude, en campagne ou dans un centre urbain. Lorsque je donne des ateliers en visualisation, je ne me nourris pas de la même façon que lorsque je m'occupe de mes enfants. En fait, il faut arriver à bien sentir les besoins de notre corps sans nous occuper de l'assiette du voisin.

La façon de prendre contact avec la nourriture a aussi un impact sur la santé : une atmosphère de détente est primordiale pour une meilleure digestion.

Il est idéal d'énergiser notre nourriture par la pensée ou avec nos mains, dans le but de remercier l'Univers pour ce don de la nature. Ce contact avec la dimension énergétique de l'aliment se fait dans le but d'adapter et de synchroniser la nourriture avec la fréquence de notre corps. C'est à la fois une manière de concevoir la vie dans la nourriture et une occasion d'intériorisation.

Pour l'environnement, le même principe s'applique : nous devons vivre dans le milieu le plus sain et le plus naturel possible. Les matériaux, les objets, la résidence et le lieu de travail doivent se conformer à cette règle. La pierre, le bois, les peintures biodégradables, les plantes, le rotin sont des exemples de matériaux sains pour la santé. Les fibres naturelles, telles que le coton, la soie, le lin, sont à privilégier pour les vêtements. Ces éléments naturels augmentent notre harmonie corporelle et favorisent la circulation de l'énergie de la vie dans notre corps physique.

Les vibrations de certains matériaux bombardent le corps énergétique, ce qui se répercute sur le corps, donc sur la santé. Les vernis, les peintures, la mélamine ou encore certains appareils, dont le photocopieur et l'ordinateur, influencent la circulation de l'énergie vitale dans notre corps.

Surveiller son environnement, c'est être en harmonie avec la Terre, respecter ce qu'elle offre sans la polluer ou la détruire. La Terre nous nourrit et nous devons protéger cette masse vivante.

Il est urgent de réfléchir à notre façon de consommer. Est-il nécessaire à notre bonheur d'avoir deux voitures, deux téléviseurs, tant de vêtements et d'objets? Les livres *La simplicité volontaire* et *La belle vie ou le bonheur dans l'harmonie*, de l'auteur québécois Serge Mongeau, nous aident à réfléchir dans ce sens.

Un autre principe à respecter pour sa santé est la pratique d'activité physique sur une base régulière. L'activité physique tonifie et assouplit les muscles, oxygène le corps. Elle peut se faire dans le but de développer la volonté, car visualiser quotidiennement pour guérir et pour développer tout son potentiel comme être humain demande de la volonté et de la discipline. Lors de la pratique d'un exercice dans le but d'acquérir un mieux-être physique et psychique, une impression de force morale tonifie les muscles et la volonté tout en développant la vitalité du corps. Dans cette perspective, l'exercice choisi doit procurer du plaisir et être accessible, conformément à sa façon de vivre. Marcher, scier du bois, pelleter sont de bons exercices s'ils nous procurent du plaisir, au même titre que la natation, le tennis ou un autre sport. L'important est la régularité de la pratique, le développement de la volonté, le plaisir relié à la pratique de l'activité choisie.

La pratique d'une approche d'intériorisation ajoute un facteur supplémentaire au maintien d'une bonne santé ; elle permet de se centrer sur soi-même, de s'écouter sans éparpiller ses pensées vers l'extérieur. Le taï-chi, l'écoute d'une musique de relaxation, le yoga, la prière, la visualisation, la méditation, une promenade dans la nature sont des moyens d'intériorisation.

S'intérioriser régulièrement dans une journée est vital pour nourrir les cellules et pour retrouver l'harmonie des pensées et du corps. Malheureusement, notre société a oublié ce principe de vie si bien que notre façon de vivre ne favorise pas la tenue de périodes pour nous intérioriser. Le stress devient dominant : il nous amène à subir diverses maladies « modernes », comme l'épuisement professionnel et la dépression.

En consacrant du temps à l'intériorisation, nous permettons une meilleure circulation d'énergie et un rééquilibre de nos centres. Nous entrons en contact avec le soi et nous sommes en mesure de recevoir de l'information sur les actions à poursuivre pour notre bien-être et celui des autres.

Des principes moraux universels

Lors de la maladie de mon père, j'ai fait des affirmations à partir des principes moraux diffusés par l'Association des chercheurs en sciences cosmiques inc. Je vous propose ce modèle afin de faciliter la compréhension de l'impact de principes sur la santé de certains organes de notre corps. Ces principes se retrouvent dans plusieurs ouvrages consacrés à la santé holistique.

Les lois ou les principes moraux proposés (voir pages 118 et 119) le sont dans une perspective d'harmonisation entre le corps physique et le champ aurique de la personne.

En harmonisant ces principes universels et en les comprenant, nous favorisons un retour à des valeurs profondes et fondamentales reliées à l'être humain en harmonie avec lui-même et avec l'Univers. Ces principes vibrent avec l'amour, le pardon, la compréhension, la joie, avec ce que depuis des siècles et des siècles de nombreux enseignants sont venus nous montrer en utilisant différents mots, en pratiquant différentes actions. En fait, tout au fond de nous, nous sommes amour, compréhension, pardon, mais des émotions et traumatismes nous éloignent de cela. Cet écart est un élément déclencheur de la maladie.

Pour harmoniser son champ aurique, que j'appelle aussi champ bioélectrique, on peut se détendre, en prenant un bon bain par exemple, et lire trois fois chaque principe (voir pages 118 et 119), quotidiennement, pour programmer, dans un premier temps, son cerveau limbique et, par la suite, passer à l'action en fonction de ces lois. C'est très drôle : au début, on lit les principes sans vraiment y adhérer. Durant la journée, un événement survient et, selon le contexte, on se rappelle que l'on a oublié une loi. Par exemple : « Je suis généreux de mes biens et de moi-même. » C'est là que le vrai travail sur soi commence.

CHAPITRE 4

LA CONSCIENTISATION
À UNE AUTRE DIMENSION

Un matin, je m'éveille comme cela,
après une nuit d'extase.
Je ne sais pourquoi, mais le voile est levé.
Je sais tout. Je fais un avec Dieu.
Et la vie est là, devant moi,
m'offrant ses mystères.

Inka, juin 1995

Les couches du corps bioélectrique

Nous sommes davantage qu'un corps physique. L'humain est constitué de différentes couches énergétiques appelées globalement corps aurique et énergétique ou bioélectrique. En plus des centres énergétiques, sept couches d'énergie de différentes densités (fréquences) composent le corps énergétique.

La première couche se nomme le corps éthérique et recouvre immédiatement le corps physique. De couleur bleuâtre, elle communique au corps physique une sensation de bien-être et de force lorsqu'elle est en harmonie.

Rosée, la deuxième couche se nomme le corps émotionnel. Comme son nom le dit, elle est reliée aux émotions, aux sentiments. Les thérapies permettant à la personne de revivre certains événements favorisent l'harmonisation de ce corps.

La troisième couche, jaune, se nomme le corps mental et est reliée à l'intellect. Tout le processus de la pensée se situe à ce niveau et est responsable du déséquilibre ou de l'équilibre de ce corps. En trouvant des solutions à de vieux problèmes ou des assises à de vieilles croyances, on peut permettre à ce corps de retrouver un état d'harmonie.

La quatrième couche, multicolore, se nomme le corps astral; elle est reliée à l'amour porté à l'humanité, à son prochain. La méditation est une approche importante pour harmoniser ce corps.

La cinquième couche, de couleur bleu ciel, se nomme le corps du gabarit éthérique et permet à la volonté individuelle de s'aligner sur la volonté divine. À ce niveau, la personne conscientise qu'il existe une dimension divine autre que le plan physique. Pour harmoniser ce corps, diverses techniques énergétiques sont pratiquées, comme la chirurgie énergétique qui se fait par l'intermédiaire des mains d'une guérisseuse ou d'un guérisseur voulant intervenir dans ce sens.

La sixième couche se nomme le corps céleste; ce corps est relié à l'amour universel. Lorsque l'on contacte ce corps d'une façon consciente, on a l'impression de faire un avec la nature, avec son environnement. On ressent véritablement beaucoup d'amour pour tout ce qui nous entoure. Souvent, à la suite d'une expérience très énergétique (un atelier en énergie par exemple), ce corps nous donne véritablement la sensation de faire partie d'un tout. Cette couche est blanche comme la lumière émanant d'une ampoule électrique.

La septième couche se nomme le corps causal et est reliée au système des croyances spirituelles. C'est à ce niveau que se situent les valeurs en lien avec notre raison d'être (l'incarnation) sur la Terre. Cette couche est dorée comme l'or pur étincelant sous le soleil.

Selon la couche perturbée, un impact sur le tempérament de l'individu se fait sentir, ce qui peut se refléter dans le corps physique.

Note : Vous pouvez voir la représentation de ces couleurs aux illustrations des exercices 3, page 126 et 6, page 140.

Je me rappelle les préoccupations de mon père relativement aux relations interpersonnelles qu'il entretenait à son travail. Mon père était cadre dans une grande entreprise parapublique. Dans son service, les relations entre collègues étaient difficiles et basées sur des jeux de rôles, sur la non-authenticité. Pour la majorité des hommes de cette génération, masquer leurs émotions était une norme. Les émotions et les sentiments de frustration devant l'impossibilité d'être compris et accueilli ont atteint une ou plusieurs couches du champ énergétique du corps de mon père (probablement les troisième et quatrième couches) pour se jeter sur ses intestins. Dans le livre *Qui es-tu ?* de Lise Bourbeau, il est écrit que les problèmes de santé aux intestins dépendent d'un blocage causé par de la colère contenue.

J'ai appris que les hommes travaillant dans le même service que mon père étaient atteints de problèmes cardiaques et d'un cancer au moment où mon père souffrait de sa maladie. Ils en sont d'ailleurs tous décédés, sauf mon père.

Il serait intéressant que les personnes responsables de la qualité de vie en entreprise mènent une recherche sur les relations entre les cas de maladie chez les employés et l'ambiance au travail.

Une expérience de conscience altérée

Pâques arrive. Comme tous les matins, je me rends au bureau dans un état d'harmonie extrême. Je dois participer à un autre atelier sur la gestion du stress. Cette fois, nous ne sommes que cinq participantes et participants. La psychologue qui anime cette séance avec Clément, prêtre et animateur pastoral, nous initie à la méditation par un exercice où tout le monde se donne la main et forme un cercle. Elle nous met en garde : cet exercice va amplifier l'énergie et certains malaises physiques peuvent se manifester.

Après quelques minutes de silence, je me sens très mal ; je crois que je vais perdre conscience.

C'est sûrement parce que je n'ai pas assez mangé au déjeuner, me suis-je dit. Tout à coup, je perds vraiment contact avec la réalité. J'ai toujours les yeux fermés et, par le centre frontal, je vois une spirale bleue qui m'aspire, puis plus rien ; je ne sens plus mon corps. Tout est lumineux autour de moi. J'ai très très peur. Je ressens toutes les pensées des participantes et participants présents dans la salle ; par contre, je ne suis plus dans leur monde. Il faut que Clément le sache. Je panique devant cette situation. Il faut que je me calme. Je pense même à un rendez-vous d'affaires à midi et je me dis que je dois « être de retour » pour cette importante rencontre.

« Elle n'est plus là ; cela se préparait pour elle depuis un certain temps. »

Enfin, Clément et la psychologue le savent ; j'ai moins peur. J'entends la voix calme de la psychologue : « Tu vis une expérience merveilleuse ; c'est comme la mort. N'aie pas peur. Tu vas revenir. Demande à tes guides de te guider. »

Je veux revenir. J'ai peur. Je ne trouve pas cela merveilleux. Il faut que je me calme. Je prie. J'arrive à me calmer. Tant de lumière m'entoure ! Et puis, je vis l'Amour pour quelques instants. Que c'est beau ! Que c'est beau !

Je réintègre mon corps après une dizaine de minutes, je suis trempée. Je pleure et je serre dans mes bras la psychologue.

Durant deux ans, je ne peux parler de cette expérience. Je me mets à pleurer juste à y penser. Mon âme veut toujours repartir vers cette source.

Maintenant, grâce à diverses techniques que m'ont enseignées des thérapeutes, je suis capable de contacter cette source de vie sans perdre contact avec mon corps physique.

J'ai raconté mon voyage conscient dans un autre plan de l'Univers à mon père malade. Il s'est senti sécurisé face à la mort. Il m'a confié que, lorsqu'il s'était fait opérer, il avait vu lui aussi certaines lumières de différentes couleurs et il avait trouvé cela très beau.

Les perceptions extrasensorielles

La personne qui, par sa pensée, communique avec le soi et cherche à améliorer sa nature grâce au respect des valeurs morales universelles développe, sans intermédiaire, des capacités énergétiques amenant ces phénomènes :

- des picotements ;
- des chaleurs dans le corps ;
- des états extatiques et méditatifs profonds ;
- des expériences hors du corps ;
- une perception du corps énergétique ;
- des sons internes apaisants.

Ces perceptions extrasensorielles sont également appelées des états de conscience altérée.

Lors d'exercices d'intériorisation, la personne en vient à ressentir les différentes couches du corps aurique. Lorsqu'elle se centre sur les couches au-delà du corps mental, soit les corps astral, éthique, céleste et causal, elle peut commencer à percevoir des êtres ou des déités qui existent dans ces couches et qui n'ont pas de corps physique. Selon mes observations et celles d'autres personnes expérimentant ces dimensions, plusieurs bandes de fréquences se manifestent dans ces couches et correspondent à des réalités inconnues, au-delà du physique. Les personnes en phase terminale, lors du processus de la mort, ont souvent accès consciemment à ces fréquences. Ainsi, elles communiquent avec des proches décédés dans le but d'être accompagnées durant leur fin terrestre.

Il y a quelques années, une de mes élèves m'offrit un livre intitulé *Le pouvoir bénéfique des mains*, écrit par Barbara Ann Brennan, guérisseuse, physicienne et ex-employée de la NASA. Pour la première fois, j'avais entre les mains un livre avec des images et des explications sur les dimensions énergétiques et d'autres aspects de la conscience. Enfin, je n'étais pas seule à prendre conscience de ces dimensions! Je pouvais expliquer plus scientifiquement ce que je percevais et aussi comprendre les différents déséquilibres vécus lors de l'expérimentation de la dimension énergétique de mon corps.

Que nous le voulions ou non, ces aspects existent et, un jour ou l'autre, nous nous posons des questions sur ce qui était avant notre naissance ou sur ce qu'il y a après la vie terrestre.

Dans ce contexte, la compréhension du rôle des corps énergétiques entourant le corps physique et la connaissance d'exercices d'intériorisation facilitent le départ pour l'au-delà. Rien d'étonnant à ce que des cours et des ateliers soient donnés pour préparer cette étape appelée la mort, comme nous suivons maintenant des cours pour préparer la naissance.

Les phénomènes sensoriels

Je me rappelle que, lors d'un voyage à Montréal durant le processus de guérison de mon père, j'ai commencé à visualiser mes centres d'énergie (voir exercices dans le chapitre 6) et à me voir pleine d'énergie de guérison. J'ai demandé à mon père si je pouvais lui faire un massage du visage et des pieds; je ne l'avais jamais touché de cette façon, mais il accepta. En pensant toujours à une lumière d'amour universel, je massai délicatement mon père. J'ai commencé à percevoir, lors de l'ouverture du troisième œil, des bulles bleues transparentes autour de la pièce; j'ai compris plus tard que de multiples formes de vie, autres que physiques, pouvaient nous accompagner lors de traitements énergétiques. Il suffit de demander d'être guidé et d'axer sa pensée au niveau du cœur afin de ressentir de l'amour pour l'être que l'on veut soigner.

Lors de cette période, la nuit, j'éprouvais des sensations agréables dans mon corps. De la chaleur au niveau des centres d'énergie, des picotements, des étourdissements et d'autres symptômes se manifestaient, ce qui est tout à fait normal lors de l'ouverture des centres d'énergie provoquée par la pratique quotidienne de l'intériorisation. Je sentais mon corps se modifier; mes mains vibraient et dégageaient plus de chaleur.

J'ai commencé à comprendre le processus de guérison par les mains, appelé aussi magnétisme, polarité ou reiki, que tout être humain peut appliquer, mais que notre civilisation reconnaît seulement aux saints et aux saintes de nos religions.

J'étais très surprise. Pourquoi est-ce que je vivais ces transformations? Je ne comprenais pas. Jusqu'où cela m'emmènerait-il? J'étais fascinée. J'aurais voulu recevoir de l'aide, de l'appui d'une personne qui comprenait ce que je vivais. À l'époque, il y avait peu de documentation sur le sujet, alors que maintenant nous trouvons facilement des livres qui expliquent simplement ces transformations relatives au processus de la kundalini. C'est souvent dans cette période d'ouverture vers l'inconnu que la personne est le plus susceptible de se faire manipuler par un « gourou » ou une « secte », car, bien sûr, les gourous et les sectes acceptent ces transformations chez l'individu et le réconfortent.

Plusieurs années après ces expériences, j'ai trouvé dans le livre *Guérison spirituelle et Immortalité* de Patrick Drouot, physicien, des explications réconfortantes que je vous transmets :

> *À partir du moment où le chemin est tracé et où la personne sait qui l'attend, le phénomène est intégré beaucoup plus rapidement [...]*
>
> *Il est donc fondamental que dans l'établissement d'un diagnostic, les médecins, les psychanalystes, psychiatres et neurologues puissent être capables de reconnaître les patterns symptomatiques d'une kundalini active. Ils doivent se rappeler que derrière ce qu'ils pensent être un état névrotique ou psychotique un processus fondamental peut être à l'œuvre, bien au-delà de la compréhension ordinaire de la psychopathologie et des états extatiques décrits habituellement.*
>
> *L'éveil de la kundalini, une fois intégré, peut être assimilé à ce que le psychiatre Maurice Bucke dans* Cosmic consciousness *a appelé des états de conscience cosmique [...] Bucke traversa une expérience qui illumina sa vie et le poussa à rédiger ce qu'il avait vécu. Il apprit en quelques secondes autant que durant toutes ses années d'études. Bien plus tard, après mûres réflexions, il comprit le sens de cet événement extraordinaire qui*

n'était ni une aberration mentale ni un cas isolé. Une nouvelle faculté émergeait, ni surnaturelle, ni supranormale, simple élévation naturelle de notre niveau de conscience [...] Il n'hésita pas à dire que la conscience cosmique était le prochain pas de l'évolution de l'humanité, ce qui est aussi à rapprocher de ce que les personnes ont vécu durant certains états d'éveil de kundalini[1].

En 1995, j'ai rencontré un médecin pour me faire ausculter ; je lui ai confié que je me préoccupais de la dimension énergétique de mon corps et que j'avais développé une sensibilité dans ce sens. Je savais que cette clinique médicale acceptait cette réalité. Ce fut très réconfortant d'être comprise dans mes valeurs ; le médecin prit le temps de me conseiller sur le plan physique et me dirigea vers un collègue spécialiste sur le plan énergétique. Il m'avisa que ma sensibilité est un état d'être qu'il faut respecter sans s'y perdre. Il accepta de me suivre dans mon développement, surtout que ma sensibilité demande plus d'effort aux systèmes nerveux et cardiaque. Des traitements en ostéopathie et en homéopathie furent conseillés, ainsi que du repos. L'enracinement par une visualisation spécifique et la poursuite d'activités régulières, comme aller au cinéma, furent recommandés. Je fus très réconfortée de constater qu'il existe de plus en plus de professionnels de la santé qui sont de moins en moins « ignorants ».

---

1. *Guérison spirituelle et immortalité*, p. 279-281.

J'aurais eu besoin de cette écoute lors de mon ouverture à la dimension énergétique en 1988, lors de la maladie de mon père.

Démythifions la métaphysique

La majorité des personnes confondent la sensibilité reliée à la conscience altérée avec des sectes, des gourous ou même avec la maladie mentale. Cette méprise est fort compréhensible, car des individus profitent de leurs connaissances pour manipuler d'autres individus. Personnellement, je crois que la connaissance des dimensions énergétiques de notre univers est la meilleure protection contre ces abus. Ne dit-on pas que c'est notre ignorance qui permet à des individus de diriger ou de contrôler notre propre existence?

Dans toutes les disciplines, des personnes abusent et font des victimes. On a tous été un jour victime de quelqu'un ou de quelque chose, que ce soit de son garagiste, de son notaire, de son médecin ou de son meilleur ami. Il va de soi que certaines expériences sont plus destructrices que d'autres et qu'elles doivent être dénoncées afin de créer une société meilleure.

Tellement de faussetés circulent au sujet des personnes qui ont développé des connaissances ou des sens dits spirituels, faussetés véhiculées consciemment ou inconsciemment par ces personnes elles-mêmes, par leurs proches ou par les médias, faussetés allant jusqu'à faire de ces personnes des dieux, lorsque les gens sont fascinés par l'inconnu, ou alors à les étiqueter de charlatans ou de gourous, lorsque les gens ne comprennent pas ou méprisent tout ce qui est différent.

Dernièrement, je prenais un café avec une animatrice d'un organisme populaire venant en aide aux femmes. Je vivais une séparation, j'avais le cœur déchiré comme tout être humain confronté à la fin d'une relation de couple. J'avais besoin de me confier, d'être accueillie, de me gâter, car, dans ces périodes, il est très important de se donner, d'aller chercher de l'aide, de sortir. L'animatrice me confia gentiment qu'elle était surprise de me voir dans cet état, étant donné mes connaissances des principes moraux.

– Comment se fait-il que tu n'as pas pu t'éviter cette relation, toi qui as développé plusieurs sens? N'aurais-tu pas pu percevoir que cette relation serait difficile, même à court terme?

– Voilà, répondis-je, tu vois, je suis humaine, comme bien des femmes vivant une situation de crise dans le couple. Heureusement que je ne savais pas l'avenir, car cela m'aurait empêchée de vivre cette union que je pourrais qualifier d'horrible en fin de compte – j'aime ce mot, il suscite en moi des décisions – mais tellement grandissante pour mon vécu de femme et non pour mon état sensitif... à condition de savoir pardonner et de ne pas s'accrocher au passé.

En réalité, tout le monde possède les mêmes capacités et les mêmes dons. Arrêtons donc de nous chercher des dieux et reconnaissons-nous dans ce que nous sommes, soit des êtres dotés d'un corps physique mais aussi de corps énergétiques qui peuvent nous permettre de contacter d'autres dimensions de l'Univers dans le but d'être mieux et non dans le but d'amener des personnes dans notre propre réalité. Le fait de comprendre la bioélectricité de son propre corps nous permet, entre autres, de respecter notre harmonie et ainsi d'être bien avec nous-mêmes, ce qui influence positivement notre milieu.

Chacun et chacune a son unicité et son propre chemin de vie ; néanmoins, nous devrions tous, personnellement, être conscientisés le plus tôt possible à la réalité énergétique afin d'éviter les pièges des sectes ou des gourous. De plus, la réalité énergétique donne une tout autre vision de la santé.

Selon Patrick Drouot, physicien et écrivain reconnu dans le domaine de la métaphysique, voici ce qui peut se produire lors du processus de la kundalini, processus relié à la connexion subtile des centres d'énergie :

> *[...] des personnes sont diagnostiquées comme schizophrènes et placées dans des institutions ou des services psychiatriques où on leur administre des traitements allopathiques classiques. L'ironie du sort, c'est que ces personnes traversent un processus d'évolution naturelle qui en fait*

*des précurseurs, des individus plus évolués
que le reste de la race humaine (Bentov).
Or, ils sont internés et considérés comme
anormaux[1].*

Bien des couples furent détruits à cause de l'incompréhension devant les manifestations de la partie énergétique de l'individu. J'ai connu des femmes et quelques hommes qui se sont fait accuser d'être dans une secte parce qu'ils se permettaient de voir les corps énergétiques, de méditer ou tout simplement de rebalancer les différentes couches énergétiques de leur enfant.

Personnellement, j'ai connu un divorce pour cette raison ; je n'avais aucune information me permettant de comprendre que je vivais une expérience reliée au processus de la kundalini comme bien des personnes sur la planète. J'avais ouvert un peu plus grand une dimension que tout être possède, soit la spiritualité. Dans mon cas, les expériences énergétiques que m'ont fait vivre la visualisation et la méditation m'ont déséquilibrée physiquement (matière). En fait, j'étais tellement fascinée par les sorties hors de mon corps que j'ai perdu contact avec la réalité sociale durant quelques années. Mon centre racine devait être rééquilibré et, par manque d'information, je ne savais pas quoi faire. J'avais de la difficulté à être dans le moment présent et même à m'assumer ; quelquefois, j'avais l'impression d'être droguée et je n'avais personne pour m'aider à comprendre mon état. Je ne voulais

1. *Guérison spirituelle et immortalité*, p. 264.

pas être hospitalisée, car je savais que je n'étais pas malade, mais j'aurais eu besoin d'être accompagnée par une personne qui comprenait la dimension énergétique et ses phénomènes. De 1988 à 1990, seuls des maîtres tibétains que j'ai rencontrés me semblaient crédibles dans le domaine. Pour eux, la dimension métaphysique de l'être est acceptée. Ce manque de connaissances est triste. Il est temps d'enseigner au public certaines notions de la dimension énergétique que tout être physique possède, indépendamment de sa race, de son statut ou de sa religion. C'est une question de santé !

CHAPITRE 5

SPÉCIALEMENT POUR LES FEMMES

C'était l'un de ces matins où je serais bien restée dans mon lit à regarder le plafond, un de ces matins mensuels, pour ne pas dire menstruels, où quelquefois des chaleurs, une sorte de fatigue ou, pire encore, des migraines et des crampes nous assaillent! Ça y est, mes menstruations. En général, rares sont celles qui crient : « Oh! bonheur, j'ai mes règles! » À moins de craindre une grossesse... Pourtant, les menstruations peuvent être une occasion de ressourcement intérieur.

Ce matin-là, je suis sortie de mon appartement pour me diriger vers un vaste terrain où poussait, sous le sourire du soleil, de l'achillée, appelée aussi mille-feuille. Au Québec, cette plante pousse partout dans nos cours, au bord des chemins et des talus, dans les champs et les collines. Il semble que cette plante ancienne ait toutes les vertus médicinales. Elle agit comme reconstituant du sang sur la moelle épinière. Elle régularise tous les liquides du corps. Elle guérit la diarrhée et la dysenterie. On la surnomme la plante des femmes. Lorsque j'ai des crampes prémenstruelles, je soulage mes douleurs avec de la tisane mille-feuille. Le soulagement est presque immédiat.

J'ai haché les fleurs et les feuilles que j'ai ébouillantées une minute et demie avec de l'eau de source des montagnes qui provient d'un petit village de la Côte-Nord. Je me suis servi une tasse de ce nectar fleuri. Je suis toujours surprise des résultats. La tisane est une médecine importante pour les femmes. La connaissance des plantes médicinales devrait être transmise dans nos écoles à toutes nos filles.

Si nous apprenons à écouter notre conscience la plus profonde, nous pouvons savoir facilement ce qui est bon pour notre mieux-être. Dans ce sens, le retour à la nature peut nous aider. C'est ce que nos grands-mères appliquaient, mais nos mères l'ont oublié avec le modernisme. Nous sommes heureusement en train de redécouvrir la nature pour l'offrir à nos filles.

Au printemps 1999, j'ai suivi un cours de sex yoga avec Mona Hébert, homéopathe, naturopathe et herboriste, pour me libérer des douleurs menstruelles dues à un kyste sur un ovaire. Nous étions une vingtaine de femmes. J'observais la beauté naturelle des jeunes mères présentes. Une d'elles, mère de trois enfants, m'expliqua qu'elle avait accouché seule de son dernier bébé, dans sa baignoire à remous. « Tout allait trop vite, la sage-femme n'a pas eu le temps de se rendre », me confiat-elle. En présence de ses deux jeunes enfants, elle sortit elle-même son bébé.

Je ne crois pas que nous sommes toutes prêtes physiquement et mentalement à accoucher dans un bain, mais les instincts sont là. Avec de la préparation et le soutien de personnes-ressources, l'acte de la naissance, lien primaire avec la vie, redeviendra normal.

Ma grand-mère maternelle était d'ailleurs sage-femme. Elle a accouché sans complications une trentaine de femmes dans leur résidence. Elle arrivait plusieurs jours avant la naissance pour donner aux femmes enceintes toute l'assistance requise et elle restait quelques jours après l'accouchement.

Ma mère se sentait à la mode d'accoucher avec un masque dégageant un calmant sur son visage. J'en vis encore les séquelles dans mon corps lorsque, stressée, j'ai des difficultés avec ma respiration. Grâce à certaines positions que prend mon corps, je réveille des mémoires de ce traumatisme. J'ai alors le sentiment d'étouffer. Que d'erreurs au nom du modernisme et de la science !

Au cours de cette même formation, nous avons aussi discuté des menstruations. Lorsque nous avons nos règles, nous vivons à différent degré un état de conscience altérée. Nous avons le goût de nous retirer, de ne rien faire. Nous ne pouvons pas écouter cet état à cause de notre manière de vivre. On nous a enseigné que, durant la menstruation, il fallait vivre normalement le quotidien. Nous le faisons, et malheur à celles qui se lamentent ! Nos systèmes économique et éducationnel veulent des femmes et des jeunes filles performantes. Les règles ne doivent surtout pas avoir d'impact sur la production et la rentabilité ! Le compagnon de vie ne veut surtout pas subir le syndrome prémenstruel de sa compagne ! Elle doit être d'humeur égale. Nous essayons de répondre à cette image pour le bonheur des nôtres en sublimant notre ressenti. Rien d'étonnant à ce que nous vivions, à un moment donné de notre vie, un épuisement professionnel ou une dépression.

Un temps arrive où nous, les femmes, ressentons que la menstruation est symbolique et mystique. C'est le secret des femmes de comprendre que ce moment intime avec soi-même est important pour l'épanouissement personnel. C'est une occasion de se retirer et de faire le point sur sa vie. Alors, nous avons la chance de pouvoir contacter plus facilement notre conscience la plus profonde. Si nous pratiquons le retrait intérieur, la menstruation est la période où passé, vies karmiques et avenir nous sont révélés en fonction de nos possibilités. Ce moment intime a été oublié dans le dernier siècle. Pour ma part, j'ai découvert cet aspect lors d'une retraite de sept ans dans la nature, au cours de laquelle j'étais en contact avec d'autres cultures.

Personnellement, quand j'arrête mes activités publiques durant la période menstruelle, ma santé est parfaite. Si je suis dans la nature et que j'en profite pour méditer et me relaxer, je remarque que mes centres énergétiques s'ouvrent lentement afin de rebalancer tout mon corps. Je ressens l'énergie qui entre dans le centre racine et circule d'un centre à l'autre, jusqu'au coronal. La sérénité s'installe, se démarquant du quotidien stressant. Je fais alors le point avec ce qui me semble prioritaire dans ma vie personnelle.

Lorsque je travaille trop durant la journée où le flux menstruel est le plus abondant, je peux avoir des migraines ou je peux même m'évanouir. Je sais que la solution est de me retirer pour me relaxer. Lorsque je n'écoute pas ce besoin, j'en paie la note avec ma santé. Entre femmes, nous nous sommes

demandées pourquoi ne pas revendiquer socialement du repos, comme des congés payés, ou un
horaire plus léger durant la journée où le flux
menstruel est plus abondant. Pourquoi la société ne
s'ajusterait-elle pas à cette réalité qui concerne plus
de la moitié de la population? Le respect de ce
besoin de retrait éviterait la prise de médicaments.
Combien de médicaments, de maladies mentales et
physiques pourrions-nous éviter ainsi? Combien
d'entre nous paient de leur santé en ne respectant
pas cette occasion importante de ressourcement
intérieur?

Au Québec, les femmes à la tête d'une famille
monoparentale et vivant sous le seuil de la pauvreté
sont de plus en plus nombreuses. La pauvreté frappe
plusieurs femmes et la santé prend souvent la
quatrième position, après les pressions pour se loger
convenablement, l'achat de nourriture et surtout les
soins à accorder aux enfants s'il reste un peu
d'argent. Avec ce qui lui reste d'énergie, la femme
recherche souvent un emploi plus décent, si bien
que sa santé est souvent très atteinte. Je sais ce que
c'est parce que je l'ai vécu. Cette situation est
anormale et va à l'encontre de la dignité humaine.
Tous les programmes sociaux ne répondent plus
adéquatement aux besoins primaires, surtout que
l'État se retire graduellement. Je souhaite une
allocation universelle pour tous afin de pouvoir vivre
décemment et ainsi améliorer notre santé comme
femmes. Celles vivant cette situation pourraient au
moins garder ou retrouver leur santé.

Nous avons la prêtresse – le soi – en nous qui peut nous aider à faire des choix plus harmonieux, même si cela nous semble impossible ou trop difficile. La prêtresse se ressent avec le cœur, siège de l'intuition. Ce n'est pas loin du cœur de la mère pour celles qui sont mères. Je parle du cœur de la prêtresse et de la mère, non que je perçoive la femme seulement comme une mère, mais le cœur de la mère et de la prêtresse est selon moi plus intuitif que le cœur de la gestionnaire, de l'intellectuelle ou de tout autre personnage que nous assumons selon les circonstances de notre vie. La clé est de ne pas se perdre uniquement dans un personnage. Le cœur de la mère est prévoyant pour sa famille. Tous les enfants sont un peu ses enfants. La mère a le souci du mieux-être collectif. La prêtresse sait ce qui est bien ou mal malgré les convictions sociales. Elle sait, c'est tout. Son savoir est juste et universel, car il est en contact direct avec le soi, notre partie parfaite. Pour communiquer avec la prêtresse, il suffit d'en faire la demande intérieure et d'être à l'écoute afin de recevoir ses propres signes de guidance...

En fait, la prière et la méditation nous permettent de contacter la prêtresse. Par prière et méditation, j'entends une manière de s'intérioriser sans adhérence à aucune religion ni à aucun culte. Pour moi, la prière est une demande à quelque chose de plus grand que moi-même et la méditation est le silence qui me permet de recevoir mes réponses en fonction de mes propres symboles personnels. Cette conversation dans les deux sens est très intime et individuelle. J'ai remarqué que ceux et celles qui pratiquent cette manière de communiquer avec la vie ont leurs propres symboles pour reconnaître leur guidance en fonction de leur personnalité et qu'il y a autant de manières de communiquer que d'individus. Cependant, des techniques universelles permettent d'installer ce type de communication, par exemple une chandelle, de l'encens, certains rituels, des prières, de la visualisation, etc.

En ce qui me concerne, la visualisation et la méditation m'ont aidée à entendre la prêtresse en moi. D'autres méthodes favorisent aussi cette émergence.

Ce que je veux dire aux femmes, c'est de ne pas donner leur pouvoir par rapport à leur santé pour des tendances. Il faut échanger de l'information et s'accompagner dans le retour à la santé en revenant à notre cœur de prêtresse que l'on peut ressentir davantage lors de la menstruation. Si nous faisons le silence en nous et autour de nous, notre conscience profonde nous permet de ressentir ce dont nous avons besoin.

Les spécialistes de la santé devraient être là pour vérifier nos intuitions. Les tests proposés ne doivent pas systématiquement être acceptés. Quand je me sens bien, c'est moi qui le sais. Je n'accepte pas que l'on me dise que je suis en mauvaise santé si moi je sens que je suis bien et heureuse. Je ne passe pas de tests de dépistage pour rien, « au cas où ? ». Je vis un jour à la fois ; de toute façon, tellement de facteurs apportent ou éloignent la maladie...

Comme la force de la visualisation collective est très puissante, il fut un temps où nous nous regroupions quelquefois pour méditer et pour soutenir, par des visualisations spécifiques, les personnes vivant des difficultés reliées à la maladie, à la violence, à la pauvreté, etc. Nous avons été harcelés par des personnes décidant qu'il y avait possession, secte ou quoi encore, selon la réalité et les valeurs des détracteurs. À cause de ces rencontres informelles et sans dogmes regroupant surtout des femmes et peu d'hommes, rencontres qui favorisaient le développement de la sensibilité et de la conscience altérée, plusieurs ont même dû divorcer... De tous les temps, ce type de réaction est prévisible et destructeur. Il reste que ces rencontres régulières permettent d'émettre des ondes appelées alpha et que celles-ci ont des répercussions sur notre santé. Comme une amie disait, le cœur a besoin de se relaxer pour pouvoir aimer.

À chacun de décider si le fait de se regrouper pour s'entraider par de la méditation ou de la prière, selon ses croyances, est approprié. Si nous sommes habitués, nous savons la puissance de nos prières et de nos méditations sur le quotidien. Plusieurs d'entre nous avons des visions et des contacts avec d'autres formes de vie. Des personnes veulent souvent interpréter ces visions pour en faire des signes reflétant leur pouvoir ou leurs connaissances. S'il est concevable de reconnaître que d'autres formes de vie existent, comme les animaux ou les plantes, nous pouvons concevoir que d'autres formes de vie plus subtiles existent aussi. Cela ne veut pas dire que l'on doive dépendre de ces autres formes de vie. Les animaux et les plantes nous accompagnent, pouvant par leurs réalités nous aider dans nos guérisons. La plante peut être favorable à la guérison comme elle peut être nocive si nous exagérons. Plusieurs se perdent aussi dans des divinités, oubliant de faire de cette réalité un accompagnateur important si cela nous alimente et nous calme. Aucun saint ni aucune sainte n'a dit qu'il fallait dépendre d'une divinité ; celle-ci nous accompagne vers la vie.

Personnellement, voici ce que je ferais si j'apprenais que j'avais le cancer. Je me retirerais dans la nature, chez des amis ou toute seule, en alternance. Je me ferais suivre par une équipe multidisciplinaire en santé. Lorsque je me sentirais vraiment bien, même si cela prenait deux ans, je reviendrais vers une activité plus normale, quoique vivre de la manière que la société nous oblige à le faire (métro, boulot, dodo) ne corresponde pas à la santé.

Avec toutes mes réalités et mes connaissances, je sais que la charge émotive derrière le mot cancer pourrait m'influencer assez fortement pour me faire peur et provoquer en moi bien des soucis. Dans ces circonstances, je ne chercherai jamais à savoir si j'ai le cancer ; cependant, cette décision m'appartient et vibre bien avec ma personnalité. Évidemment, la connaissance de la maladie peut sécuriser d'autres personnes. À chacun et chacune de se respecter.

Tant que nous éprouvons un sentiment de pouvoir sur notre santé, nous ne perdons pas l'espoir. Nous savons qu'il y a quelque chose à faire, qu'il y a toujours une solution. La peur de la souffrance et de la mort est ce qui nuit le plus à l'écoute de la prêtresse en nous. La culpabilité de ne pas faire le bon choix est aussi très perturbante. En apprivoisant nos émotions, en les exprimant par les arts, en thérapie ou entre amis, nous reprenons le pouvoir sur notre corps. En libérant nos traumatismes avec l'accompagnement d'un thérapeute avec qui nous nous sentons bien, en contactant notre propre pouvoir de guérison par l'intériorisation, en nous alimentant le plus sainement possible, en faisant de l'exercice physique, en restant à l'écoute de notre conscience la plus profonde quant à nos choix, nous faisons en sorte que la santé revienne très vite. La guérison ne dépend pas de l'argent, des enfants ou de notre compagnon ou compagne de vie. C'est tout au fond de soi que cela se passe. La maladie oblige à recontacter ce pouvoir. Nous ne pouvons faire ce cheminement à la place de personne.

Nos guérisons nous permettent de contacter la prêtresse, la guérisseuse, l'amoureuse, la guerrière, la pacifique, la sorcière, la séductrice, la violente, la dépressive, la dominatrice et la dépendante. Les événements de notre vie nous amènent à contacter ces personnages; c'est notre histoire personnelle nous obligeant à comprendre notre ombre et notre lumière.

Tous ces personnages positifs ou négatifs doivent nécessairement se rencontrer pour fusionner, pour se reconnaître et devenir des alliés de notre conscience la plus profonde et pure. Ainsi, comme femmes, nous devenons de plus en plus fortes. La sérénité fait de nous des êtres qui utilisent la liberté et la confiance comme principales clés vers notre propre destinée. Ce principe universel de fusion avec nos différents niveaux de conscience s'applique aussi bien aux femmes qu'aux hommes...

CHAPITRE 6

DES EXERCICES DE VISUALISATION

Exercice 1

Vous pourrez, tout comme moi, obtenir cette sensation de détente; car pour pouvoir aimer, le cœur a besoin de se relaxer.

Exercice 1

Les valeurs morales universelles

But :   L'harmonisation
                     de la couche aurique.

Préparation : Endroit calme, avec une chandelle.
                     De l'encens et une musique de détente
                     peuvent aussi être utilisés.

Durée :   5 minutes.

Fréquence :   Une ou deux fois par jour;
                     le nombre de jours dépend
                     de la facilité de chaque individu
                     à assimiler les lois.

Lorsque l'on a atteint un état de détente, on lit trois fois, à voix haute ou silencieusement, chaque principe moral universel.

Par exemple :

J'ai la joie de vivre; j'ai la joie de vivre; j'ai la joie de vivre.

En même temps, on peut visualiser la couleur qui correspond à chaque loi.

Le tableau sur les lois de comportement (les lois ou les valeurs morales universelles) est représenté aux pages 118 et 119 et est divisé en 6 parties :

- la colonne *Énergies* représente les couleurs reliées à la bioélectricité des organes physiques;

- la colonne *Lois cosmiques* donne les valeurs morales universelles influençant favorablement l'harmonie dans la bioélectricité du corps, ce qui a un effet sur nos organes physiques;

- la colonne *Positifs* explique ce que chaque loi cosmique (valeur) intégrée et vécue dans son quotidien nous apporte mentalement;

- la colonne *Organes* signifie les organes physiques reliés aux lois cosmiques;

- la colonne *Négatifs* interprète nos lacunes quant aux valeurs morales universelles, elle nous aide à prendre conscience des effets nuisibles à notre santé. Personnellement, je trouve que certaines expressions écrites dans cette colonne peuvent nous culpabiliser. Il est donc important de prendre ces phrases comme une piste sérieuse et non comme une vérité. À chacun et chacune d'ajuster le vocabulaire pour son mieux-être;

- la colonne *Pensées positives* offre des pistes pour ajuster notre pensée et influencer notre santé.

Le défi pour tous sera d'appliquer ces valeurs morales universelles sans se culpabiliser. Même si nous en oublions, nous sommes tous des hommes et des femmes en constante évolution.

LES LOIS DE COMPORTEMENT[1]

ÉNERGIES	LOIS COSMIQUES	POSITIFS
Rouge	J'ai la simplicité d'un enfant.	Développe la confiance en soi. Spontanéité.
Jaune	J'ai la joie de vivre.	Le bonheur d'être en vie.
Bleu	Je suis miséricordieux.	Libération.
Vert	Je suis très compréhensif.	Cherche à obtenir des rapports de qualité avec les autres.
Violet	Mes intentions sont pures.	Va droit au but. Vérité. Sincère. Sans compromis.
Orange	Je suis positif à 100 %.	Voit toujours un bien à tirer des situations les plus malheureuses.
Rouge ombré	Je suis généreux de moi-même et de mes biens.	Donne du bonheur aux autres sans rien demander en retour.
Jaune ombré	Je suis libre de préjugés.	Homme sage. N'accuse jamais sans preuve.
Bleu ombré	Je comprends et j'observe les lois naturelles.	L'homme est en harmonie avec tous les éléments du cosmos.
Vert ombré	J'ai le sens parfait de la justice.	Donne à chacun ce qui lui appartient.
Violet ombré	Je distingue le degré d'évolution des gens.	Compréhensif, juste, miséricordieux.
Orange ombré	Je comprends le sexe opposé au mien.	L'homme et la femme comprennent leur différence.

1. Inspiré de Tremblay-Sergerie, *Lois cosmiques*.

ORGANES	NÉGATIFS	PENSÉES POSITIVES
Système nerveux	Porte un masque : non authentique.	Je m'adapte, je m'émerveille, je ne me complique pas la vie.
Foie	Pessimisme, colère.	Je trouve un motif de joie dans mes occupations. J'aime la vie.
Cœur	Haine, rancune.	Je laisse les autres être à eux-mêmes et je suis libre.
Système nerveux sympathique	Porte des jugements rapides, être persuadé que l'on possède la vérité.	Je développe une attitude accueillante et entièrement positive.
Reins	Intérêt personnel passe avant celui d'autrui.	Je suis juste envers mon prochain et je suis juste envers moi-même.
Tout l'être	Haineux, jaloux, impatient, accusateur, hésitant.	J'aime la vie sous tous ses angles.
Lymphe	Attaché à ses dons (argent, sourires, intérêt égocentrique).	Je suis généreux de mes conseils, biens et services.
Poumons	Juge subjectivement, ne comprend pas les intentions de l'autre.	Je suis ouvert à toutes hypothèses qui peuvent conduire à la vérité.
Estomac	Refus d'assimiler la vérité, inquiétude excessive, surmenage intellectuel.	Par mon évolution équilibrée, je contribue à l'harmonie de l'Univers.
Intestins	Refus d'analyser les faits, seuls ses intérêts comptent.	L'intelligence, la sincérité, la sympathie et la lucidité guident mes jugements.
Pancréas	Prête de fausses intentions.	Je comprends les personnes de mon entourage et je m'adapte à leur évolution.
Glandes endocrines	Incompréhension.	Je m'enrichis au contact du sexe opposé au mien par les compléments appropriés.

Exercice 2

Cette position me permet de conscientiser le frontal et ainsi de favoriser des perceptions extrasensorielles pour le mieux-être de tous.

Exercice 2

Le soleil violet

But :   Identifier son centre frontal;
canaliser l'énergie afin
d'aider les autres;
la guérison;
la protection;
contrer la violence,
même la guerre, etc.

Préparation : Source lumineuse, soit une ampoule
électrique ou une chandelle;
endroit calme et très obscur
idéalement. De l'encens et
une musique de détente peuvent
aussi être utilisés.

Durée :   1 à 20 minutes.

Fréquence : À la discrétion de chaque personne.
Plus on canalise l'énergie, plus on
en reçoit et plus nos centres
se développent, car cette visualisation
est un don de soi. C'est un principe
de vie universel.

Prenez une position de détente à votre discrétion. Par les narines ou par la bouche si les narines sont obstruées, prenez trois grandes respirations contrôlées, lentes et profondes. L'inspiration doit être plus courte que l'expiration et, entre ces deux étapes, vous retenez votre respiration pour permettre à votre rythme cardiaque de ralentir, ce qui amène un état de calme. L'air doit se rendre si possible jusqu'au bas du ventre, sans rien forcer.

Commençons.

Comme pour tous nos exercices, nous demandons par la pensée au soi de nous protéger et de nous guider. Le fait de penser au soi fait vibrer les atomes de notre corps différemment et notre corps aurique prend une luminosité plus forte; notre pensée s'élève vers les dimensions supérieures de l'Univers. L'énergie dans le cardiaque, le laryngé, le frontal et le coronal s'intensifie. Celles et ceux qui ont cette croyance peuvent demander la présence de leurs guides et de tous les êtres célestes qui ont à être là.

Étape 1

L'étape 1 doit être pratiquée seulement une ou deux fois, pour repérer son centre frontal; par la suite, il suffira de centrer sa pensée sur ce point situé entre les deux sourcils sans source lumineuse extérieure.

Fermez vos paupières – un, deux, trois –, inspirez, retenez – un, deux, trois –, puis expirez len-te-ment...

Revenez à une respiration normale durant quelques instants. Répétez deux autres fois cette séquence.

Maintenant, ouvrez vos paupières. Sans cligner les paupières, fixez une source lumineuse durant une minute. Fermez vos paupières et mettez les paumes de vos mains sur vos paupières si la luminosité est trop vive. Par votre pensée, fixez un point ou toute autre forme entre vos deux sourcils. Regardez cette forme. Jouez avec elle. Bouge-t-elle? Quelle est sa couleur? Si vous ne voyez rien, ne vous impatientez pas, acceptez ce qui est. Vous reprendrez cet exercice un peu plus tard.

Étape 2

Lorsque l'on a repéré son centre frontal, on passe directement à cette étape dès la fin des respirations.

Vous allez penser à une personne ou à un événement pour lequel vous voulez canaliser l'énergie (arrêt de quelques secondes). Imaginez une belle lumière blanche ou dorée qui vient de l'Univers; cette lumière est remplie de paix, d'amour, de santé et de toute autre chose que vous sentez. Il suffit de mettre un mot pour exprimer ce que vous voulez obtenir comme bien-être. Par exemple : beauté, harmonie, etc. Cette lumière descend sur vous et pénètre toutes les cellules de votre corps en commençant par le dessus de votre tête. Par le centre frontal, vous envoyez cette lumière, peu importe sa forme ou sa couleur, vers la personne ou la situation... Qui sommes-nous pour savoir la forme, la couleur, ou encore ce dont l'âme a besoin? Avec détachement par rapport aux résultats, vous envoyez cette lumière en pensant à la personne ou à l'événement. Essayez de sentir de l'amour provenant du centre du cœur, le cardiaque, et envoyez, avec cette lumière, ce sentiment par le centre frontal. Ce n'est pas important de voir quelque chose, puisque l'énergie se rend tout de même. C'est l'intention et la pensée qui comptent. Maintenant, vous remerciez cette lumière, le soi et vos guides. Vous reprenez contact avec votre réalité en bougeant très lentement les extrémités de vos membres : orteils, doigts, bras, jambes. Vous vous étirez, vous bâillez et ouvrez vos paupières.

Merci.

Note : Dire merci après chaque exercice, c'est concrétiser votre communion intime avec les âmes, les guides, Dieu, etc. C'est la magie, le mystique, enfin cet amour intime avec l'Univers et les autres. Il faut remercier avec le cœur.

Exercice 3

Lorsque je fais l'exercice 3, je visualise ainsi les couleurs de la bioélectricité du corps physique.

Exercice 3
L'arc-en-ciel des soleils

But :   L'autoguérison de toutes
                 les maladies;
                 l'ouverture de tous
                 ses centres d'énergie.

Préparation :   Endroit calme, avec une bougie
                 allumée. De l'encens et une musique
                 de détente peuvent aussi être utilisés.

                 Cet exercice peut se faire en groupe,
                 debout en se donnant la main
                 et en formant un cercle.
                 Un animateur lit alors l'exercice
                 calmement. L'énergie d'un groupe
                 est plus forte que l'énergie
                 individuelle.

Durée :   20 minutes.

Fréquence :   Selon les besoins. Idéalement avant
                 de s'endormir ou juste avant
                 de se lever.

Prenez une position de détente, à votre choix. Maintenant, prenez trois respirations contrôlées, lentes et profondes. L'inspiration doit être plus courte que l'expiration et, entre ces deux étapes, vous retenez votre respiration pour permettre à votre rythme cardiaque de ralentir, ce qui amène un état de calme. L'air doit se rendre si possible jusqu'au bas du ventre, sans rien forcer. Comme pour tous les exercices, nous demandons la protection du soi pour ce que nous allons faire. Celles et ceux qui ont une croyance demandent la présence des médecins du ciel ainsi que celle des guides et des êtres célestes qui ont à être là.

Par la pensée, vous allez faire un trait qui débute au-dessus de votre tête pour descendre vers la droite, à quelques centimètres de votre corps. Ce trait passe sous vos pieds et revient vers la gauche pour rejoindre le début du trait au-dessus de votre tête. C'est votre œuf de lumière, de protection (arrêt de quelques instants). Vous lui faites des racines qui vont dans la terre.

Juste au bas de votre colonne vertébrale, au niveau des organes sexuels, vous allez visualiser un soleil rouge ou y penser. Permettez aux rayons du soleil rouge de pénétrer toutes les cellules de votre corps ainsi que votre œuf de lumière (arrêt).

Juste au-dessus du soleil rouge, c'est-à-dire au niveau du pubis, visualisez un soleil orange. Permettez aux rayons du soleil orange de pénétrer toutes les cellules de votre corps ainsi que votre œuf de lumière. Les rayons du soleil orange vont rejoindre les rayons du soleil rouge (arrêt).

Juste au-dessus du soleil orange plus précisément au-dessus du nombril, visualisez un soleil jaune. Permettez aux rayons du soleil jaune de pénétrer toutes les cellules de votre corps ainsi que votre œuf de lumière. Les rayons du soleil jaune vont rejoindre les rayons du soleil orange et les rayons du soleil rouge (arrêt).

Juste au-dessus du soleil jaune, vous allez maintenant imaginer un soleil vert situé entre les deux seins. Permettez aux rayons du soleil vert de pénétrer toutes les cellules de votre corps ainsi que votre œuf de lumière. Les rayons du soleil vert vont rejoindre les rayons du soleil jaune, du soleil orange et du soleil rouge (arrêt).

Maintenant, juste au-dessus du soleil vert, c'est-à-dire au niveau de la gorge, visualisez un soleil bleu. Permettez aux rayons du soleil bleu de pénétrer toutes les cellules de votre corps, ainsi que votre œuf de lumière. Les rayons du soleil bleu vont rejoindre les rayons des soleils vert, jaune, orange et rouge (arrêt).

Juste entre vos deux sourcils, pensez à un soleil violet. Permettez aux rayons du soleil violet de pénétrer toutes les cellules de votre corps ainsi que votre œuf de lumière. Les rayons du soleil violet vont rejoindre les rayons du soleil bleu, du soleil vert, du soleil jaune, du soleil orange et du soleil rouge (arrêt).

Juste au-dessus de votre tête, vous allez maintenant vous imaginer un entonnoir dont l'extrémité la plus fine pénètre dans votre crâne et dont l'ouverture la plus grande est dirigée vers le ciel. Vous allez permettre à une lumière blanche et dorée, provenant d'un soleil doré rempli de santé, d'abondance, d'amour, de pénétrer dans l'entonnoir pour se diriger vers les soleils violet, bleu, vert, jaune, orange et rouge de même que tout le long de vos jambes et de vos pieds. Vous allez faire une ouverture dans le bas de votre œuf pour permettre à tout ce qui n'est pas en harmonie avec vous-même de s'en aller se purifier dans un feu à l'intérieur de la Terre, au fur et à mesure que la lumière du soleil doré vous pénètre.

Pensez à tout ce qui vous tourmente, comme la maladie, la colère, les peurs, le doute, la tristesse (mettez un mot pour exprimer ce qui vous blesse), et laissez-vous remplir de cette lumière de guérison. Si vous avez une maladie, par votre pensée, dirigez le malaise dans le soleil le plus près pour que la lumière dorée de guérison entraîne vers la Terre cette maladie en passant dans les différents soleils (arrêt).

Maintenant, vous baignez dans cette lumière dorée. Affirmez : je suis Lumière, la Lumière me pénètre, la Lumière me protège, je suis Lumière (arrêt).

Ensuite, vous allez remercier cette lumière et vos aides et, par la pensée, vous allez fermer toutes les ouvertures de votre corps, soit l'ouverture au-dessus de la tête, les soleils violet, bleu, vert, jaune, orange, rouge, et l'ouverture à vos pieds. Finalement, vous prenez conscience que vous êtes présent dans l'immédiat et vous commencez à bouger les extrémités de vos membres soit les orteils, les doigts, les bras, les jambes. Vous vous étirez, vous bâillez, vous ouvrez les paupières.

Merci.

Exercice 4

Lors de mes déplacements en automobile, j'aime pratiquer cet exercice pour me sentir protégée et favoriser un voyage idéal.

Exercice 4
Le soleil blanc

But :   Une guérison et une protection
                 rapides.

Préparation :   Endroit calme, avec une bougie
                allumée et une musique de détente.
                De l'encens peut aussi être utilisé.

Durée :   1 à 20 minutes.

Fréquence :   Au moins une fois par jour,
                selon les besoins.

Note : Le soleil blanc est la première
visualisation que mes parents ont
pratiquée durant la maladie de mon
père et qu'ils ont poursuivie durant
plusieurs années.

Installez-vous dans une position confortable, les deux pieds bien posés sur le plancher. Comme dans tous les exercices, nous demandons la protection du soi (donnez tout nom selon vos croyances) et la présence de tous les êtres célestes qui ont à être là. Prenez trois respirations contrôlées, lentes et profondes (arrêt).

Imaginez une belle lumière blanche, remplie de paix, d'amour, de santé, de protection, qui vient de l'Univers et qui descend juste au-dessus de votre tête pour pénétrer tout votre corps et entraîner ce qui n'est pas en harmonie avec vous dans un feu à l'intérieur de la Terre. La lumière vous pénètre de plus en plus et vous remplit de belles choses.

Mettez un mot en fonction de vos besoins. Lorsque vous sentez que cette lumière vous nettoie, vous essayez de faire le vide dans votre tête, en ne pensant qu'à cette lumière ou tout simplement en ne pensant à rien. Vous vous laissez bercer par la musique de relaxation que vous avez choisie.

Lorsque vous le jugez à propos, vous remerciez cette lumière ainsi que vos aides et vous prenez conscience que vous êtes ici, dans l'immédiat.

Merci.

Visualisation modifiée

Quel que soit l'endroit où vous êtes, métro, autobus, magasin, bureau, usine, vous pouvez régulièrement dans la journée vous imaginer dans votre œuf de lumière et penser à une lumière descendant sur vous pour vous harmoniser, vous protéger. N'oubliez pas de faire des racines à votre œuf afin de ne pas perdre contact avec la réalité.

Exercice 5

Ainsi installée, je sens les rayons du soleil me pénétrer et revitaliser toutes les cellules de mon corps.

Exercice 5

Comment contacter le soi
ou l'énergie subtile

But :   Percevoir le soleil avec son cœur
                  et son corps ou ressentir la chaleur
                  du centre solaire.

Préparation :   Aller à l'extérieur, idéalement dans
                  la nature. S'installer confortablement
                  assis ou couché.

Durée :   Selon sa disponibilité.

Fréquence :   Selon ses besoins.

Nous sommes tous en contact avec l'énergie de la lumière, mais l'intensité diffère selon la concentration et la force de notre pensée. Vous pouvez faire cette expérience pour prendre conscience de votre lien avec le soi.

Installez-vous dehors, dans un lieu silencieux, et faites aussi le silence à l'intérieur.

Demandez à l'Univers de vous aider et à vos guides de vous inspirer. Dites à votre ego de se calmer.

Parlez à l'Univers avec votre cœur, avec vos mots, comme cela vient, sans complications, sans manipulations. Vous n'avez rien à vendre.

Selon l'intensité de votre « prière », vous allez ressentir les rayons du soleil s'amplifier. Si le ciel est chargé de nuages, le soleil peut apparaître quelques instants... spécialement pour vous.

C'est extraordinaire cette filiation avec le soleil, avec le climat! Car oui, véritablement, le climat s'adapte au champ morphogénétique d'une collectivité. Vous commencerez à comprendre que nous faisons tous un avec la vie, que la qualité de nos pensées sont même responsables du temps qu'il fait.

Merci.

Exercice 6

À l'occasion de mes méditations profondes, je perçois ainsi la bioélectricité du corps physique. Les couleurs changent en fonction des émotions et de l'environnement de la personne.

Exercice 6

Une visualisation profonde de guérison (technique avancée)

Inspiré de *Guérir par la lumière*,
de Barbara Ann Brennan

But :   Favoriser la guérison de toutes
les couches ou de différentes parties
du champ énergétique.

Préparation : Endroit calme; s'asseoir, rester debout
ou se coucher.

Durée :   30 minutes.

Fréquence : Selon les besoins.

Étape 1

Vous allez vous mettre dans un état de relaxation en respirant lentement et en centrant votre pensée sur la circulation de l'air dans l'entrée de vos narines.

Vous allez vous imaginer que, juste au bout de votre colonne vertébrale, il y a une longue tige pénétrant la terre. Concentrez-vous sur cette tige et, par la pensée, imaginez que vous vous rendez au tan tien, sous le nombril au milieu du corps. Sentez la puissance et la chaleur qui se dégagent du tan tien, relié avec l'énergie de la terre. Le tan tien ressemble à une balle et l'énergie de la terre est verte.

Restez là pendant quelque temps pour diriger votre concentration tout le long de votre colonne vertébrale; arrêtez votre pensée sous le creux de votre gorge, siège de l'âme. Établissez le lien comme un rayon laser entre le siège de l'âme, le tan tien et le centre de la terre. Déplacez votre conscience jusqu'à l'extrémité de votre crâne en imaginant une étoile au bout de la tige de fer traversant tout le long de la colonne et dites à cette étoile de monter le plus haut possible dans le ciel pour rejoindre les dimensions les plus lumineuses de l'Univers, là où se trouve l'énergie subtile de guérison, de paix, d'amour, d'abondance. Ainsi, vous êtes en contact avec l'énergie verte de la terre qui guérit et vous enracine et l'énergie de l'Univers qui régénère vos cellules.

Restez quelques minutes en contact conscient avec ces deux formes d'énergie. Vous pouvez arrêter l'exercice à ce niveau en remerciant ce type d'énergie et l'aide de vos assistants du ciel, pour ceux et celles qui ont ces croyances, ou poursuivre l'exercice en rajoutant les étapes suivantes :

Étape 2

Vous vous imaginez une éponge dorée qui va nettoyer chaque couche de votre corps énergétique :

- la première couche, bleue,
  reliée aux sensations;
- la deuxième, multicolore,
  reliée aux émotions;
- la troisième, jaune, reliée au mental;
- la quatrième, multicolore avec beaucoup
  de rose, reliée aux relations avec les autres;
- la cinquième, bleu foncé,
  reliée à vos croyances spirituelles;
- la sixième, blanche, reliée à l'amour
  de l'humanité;
- la septième, dorée, reliée à l'Univers,
  à la planète, à toutes les formes de vie.

Par la suite, vous pouvez ouvrir vos centres d'énergie, selon les soleils.

Étape 3

Vous pensez non seulement aux couleurs et aux endroits où se situe chaque soleil, mais vous allez également vous imaginer une horloge avec des aiguilles que vous placez sur chaque soleil. Par la pensée, vous faites tourner les aiguilles des horloges vers la direction normale, l'une après l'autre, en commençant vers le bas ou le haut. C'est une façon d'ouvrir les centres d'énergie de notre corps énergétique (aurique). Les centres d'énergie passent de chaque côté du corps.

Dans le dos, l'horloge ne fonctionne pas du même côté que devant le corps, mais bien dans le sens inverse. Si cela peut vous aider, dessinez une horloge et mettez-la sur le devant de votre corps; par la suite, placez-la dans votre dos pour savoir comment fonctionnent vos centres d'énergie.

Prenons par exemple le deuxième soleil, le sacré, orange. Vous prenez l'horloge que vous mettez sous le nombril et vous faites tourner les aiguilles qui iront vers la gauche de votre corps. Ensuite, vous mettez cette même horloge dans votre dos, sur le soleil orange, et cette fois-ci les aiguilles tournent vers la droite de votre corps. Vous faites cet exercice par la pensée pour chaque soleil, sauf pour le centre racine et le coronal qui fonctionnent différemment. Lorsque tous vos centres sont ouverts, vous vous laissez baigner dans cette énergie de joie, de santé, de plaisir. Partout où vous sentez dans votre corps la maladie, la douleur, la colère, la méfiance, ressentez votre soi en contact avec celui de toutes les autres personnes. Pensez à de la lumière aussi pure que le soleil qui vous irradie, vous nettoie.

Lorsque vous le souhaitez, votre conscience revient doucement vers votre corps et vous fermez tous vos soleils, vous ramenez votre tige de la terre et du cosmos vers vous en ressentant votre corps. N'oubliez pas de remercier la vie et tout ce qui contribue à vous inspirer dans cette démarche, selon vos croyances.

> Note : Cet exercice est très puissant et peut donner des maux de tête ou entraîner des vomissements lorsque la personne est trop malade. Il faut donc s'y prêter seulement lorsque l'on se sent en forme. Si vous ressentez un malaise physique trop perturbant lors de la pratique de cette technique, arrêtez immédiatement et prêtez-vous à un exercice plus léger. Vous pouvez aussi tout simplement vous relaxer ou dormir.

CHAPITRE 7

DES DISCUSSIONS
AVEC LE PUBLIC

Il y a bien longtemps que nos savants connaissent le réseau délicat d'artères et de veines composant le système circulatoire. Il leur reste à démontrer qu'il existe un système circulatoire infiniment plus délicat et plus subtil apportant la force vitale à chaque atome du corps [...]
Quand toute la force vitale est conservée, les cellules se renouvellent aussi facilement à 500 ans qu'à 10.

La vie des maîtres, Baird T. Spalding

Question du public

Faut-il croire en la visualisation pour que cela marche?

Observations

Je ne pense pas que l'on doive y croire, car il n'y a rien à croire. Il faut avoir tout de même une ouverture en se disant qu'après tout on n'a rien à perdre. Si cela marche, tant mieux, surtout qu'il n'en coûte rien d'essayer et la situation ne peut pas empirer. C'est de cette manière que l'on arrive à convaincre doucement son mental à pratiquer la visualisation pour favoriser la guérison.

Mon père n'était pas un fanatique de la visualisation, comme vous avez pu le constater dans son histoire; ma mère et moi l'étions. Quelquefois, mon père ronflait durant les exercices. Il m'a toujours avoué qu'il ressentait qu'il ne mourrait pas, que la maladie avait frappé trop vite dans sa vie. J'ai observé la même réaction chez d'autres personnes. Par contre, j'ai accompagné plusieurs personnes convaincues de mourir à cause de l'état physique de leur corps, mais ces personnes sont en bonne santé depuis des années maintenant. Elles venaient à mes ateliers de visualisation parce qu'une personne, souvent le conjoint ou la conjointe, insistait et que tout autre espoir avait disparu. En revanche, quelques participants et participantes se sont battus pour vivre, avec beaucoup de détermination et de foi dans leur potentiel de guérison, mais sont décédés.

Conseils

Chaque jour, idéalement à la même heure et au même endroit, pour créer l'habitude, prêtez-vous à un exercice de visualisation en étant détaché des résultats.

Choisissez quelque chose qui vous fait vraiment plaisir, qui vous donne de la joie.

Changez doucement les pensées et les comportements qui déstabilisent votre santé et votre mieux-être. Par exemple, on peut prendre conscience qu'il est temps de pardonner à une personne qui nous affecte particulièrement ou qu'il est préférable de couper nos liens avec cette personne durant quelque temps en l'avertissant poliment par lettre ou lors d'une conversation téléphonique.

Recherchez des aliments qui donnent véritablement de la vitalité et de l'énergie; apportez des changements graduels à votre alimentation pour ne pas trop perturber votre état.

Observez les situations qui vous enlèvent ou qui vous donnent de la vitalité.

Soyez à l'écoute de votre corps même si les autres ne vous suivent pas dans vos besoins. À chacun et chacune de trouver ce qui lui convient.

Commentaire du public

J'ai peur de l'échec. J'ai peur de ne pas bien visualiser, de manquer des étapes. Je ne veux pas mourir, malgré un autre cancer après six ans de sursis. Je veux que la visualisation marche!

Observations

Plusieurs personnes souffrant d'une maladie m'ont avoué leur difficulté à visualiser, leur peur de ne pas bien entendre, de ne pas être assez avancées dans la pensée positive.

Je me rappelle que mon père malade se permettait une petite goutte de cognac dans un peu de café, même si le médecin lui avait proscrit toute consommation d'alcool. Le médecin avait raison, mais, pour taquiner mon père et parce que je savais que cette habitude représentait une fête pour lui, je lui conseillais de se permettre une petite goutte, puisqu'il serait peut-être mort demain. Cela nous faisait rire! Bien sûr, il faut faire preuve de discernement : une consommation excessive d'alcool est toujours néfaste. En ce qui me concerne, lorsque j'étais triste, je me payais un bon café, un journal et un morceau de gâteau aux carottes. À vous de trouver ce qui vous donne le goût de vivre. Ainsi, vos pensées ne seront plus centrées sur votre maladie.

J'ai lu quelque part que, pendant la Seconde Guerre mondiale, au cours de laquelle les Juifs ont été persécutés, plusieurs personnes atteintes du cancer ont dû fuir sans pouvoir bénéficier de soins. Après la guerre, plusieurs d'entre elles n'avaient plus le cancer, car elles avaient orienté leurs pensées vers leur survie. Ces personnes ont puisé dans leur potentiel énergétique pour trouver la force de survivre, et cette force a revitalisé et régénéré leurs cellules.

La première fois que je rencontrai Jean-Charles Crombez, médecin psychiatre au Centre hospitalier de l'Université de Montréal et auteur de la méthode Écho, je lui demandai de m'aider à faire de la recherche clinique afin de comprendre pourquoi la visualisation ne fonctionne pas avec la même efficacité pour tout le monde. En me regardant sagement et gentiment, il m'avoua qu'il ne faisait plus de recherche clinique, car, ajouta-t-il, ce ne serait pas rendre justice à la vie que de faire de la recherche pour démontrer la guérison. Nous ne savons jamais vraiment à quel moment s'installe le processus de guérison. Et c'est cela qui est merveilleux! La vie a tellement de manières d'offrir des cadeaux et personne ne sait vraiment comment cette sagesse infuse s'y prend pour nous atteindre. Le processus de guérison devient très personnel et individuel.

Commentaire du public

Je ne me sens pas assez fort pour visualiser, je ne vois rien. Je ne suis pas assez avancé dans la foi de la force de ma pensée pour la guérison. Comme je me sens fatigué, je m'endors souvent lors des exercices.

Conseils

Dites-vous que même si vous n'entendez pas bien les consignes, même si vous ne voyez rien, le processus de guérison est là et agit tout de même. Les exercices vous permettent de contacter l'énergie subtile de la septième couche de guérison (dorée), qui est la plus fine, la plus régénératrice, ou encore l'énergie de la Terre, qui a une subtilité semblable, de couleur verte, et qui est reliée au tan tien (voir l'exercice 6) de la personne.

La fatigue du corps physique peut favoriser la perception, la visualisation ou avoir un effet contraire.

Comme tout le monde, j'ai déjà eu une grippe ayant des répercussions dans tout mon corps. Lorsque j'essayais de visualiser, une migraine s'emparait de moi et me faisait vomir. J'ai immédiatement arrêté mes exercices et, durant 48 heures, je n'ai fait que me reposer, presque toujours couchée. J'ai dormi; je prenais seulement un peu d'eau et du jus de fruits pur. J'ai compris que, si j'avais le cancer et que mon corps devenait trop souffrant, je ne pourrais peut-être pas faire mes exercices dans l'immédiat. Lorsque je me suis sentie plus forte, j'ai commencé l'exercice 3 suivi, quelques heures plus tard, de l'exercice 6 (technique avancée). J'ai ressenti très vite l'effet de la vitalité dans mon corps.

Questions du public

Peut-on aider quelqu'un qui ne veut pas visualiser, qui n'y croit pas? Pour que la visualisation fonctionne, la personne atteinte d'une maladie doit-elle savoir et accepter que je visualise pour elle?

Observations

Comme je l'ai déjà mentionné, il n'y a rien à croire. La Terre, les êtres humains ont tous besoin de pensées positives. Lorsque je visualise pour qu'il n'y ait plus de guerres, de famine, de maladie – que voulez-vous, je suis idéaliste –, je ne me demande pas si telle personne est en accord. Je suis détachée. L'intention derrière ma visualisation est la plus pure possible, enfin, je présume qu'elle est pure. Par contre, si je visualise pour la paix mondiale afin de profiter de cette paix lors d'un voyage d'affaires, cette visualisation a un but personnel. Mon intention est moins virtuelle, donc moins sujette à se réaliser, quoiqu'elle puisse tout de même réussir, selon l'intensité de ma projection.

Attention aux visualisations!

Je me rappelle m'avoir visualisée propriétaire d'une magnifique chienne labrador noire. À mon grand étonnement, un an plus tard, je trouvai près d'une école, en allant chercher un de mes enfants, une chienne labrador. Celle-ci monta dans mon auto en même temps que mon fils, sans que je l'aie invitée. J'acceptai d'apporter chez moi la chienne visiblement perdue en me rappelant mes demandes à l'Univers. Après avoir fait diffuser plusieurs annonces à la radio et dans les journaux pour retracer son propriétaire, à mon grand plaisir, je ne reçus aucune nouvelle.

Quelques mois plus tard, je devais déménager à Montréal et je ne pouvais y apporter ma chienne. Je compris alors que mes demandes n'étaient pas toujours pour mon plus grand bien et qu'il fallait que je rajoute, lors de mes visualisations à but personnel, que toutes les manifestations de mes désirs se produisent si c'est mieux pour moi et que tout bloque si cela n'est pas l'idéal. Voilà la meilleure manière de nous protéger contre des demandes plutôt embarrassantes. Lorsque nous faisons une visualisation à but personnel, celle-ci est moins forte qu'une visualisation à caractère humanitaire, car l'intention derrière la pensée a un impact très important sur les résultats de nos demandes.

En santé, pour la guérison de quelqu'un, le détachement quant aux résultats est très important. Pour m'aider, je dis souvent : « Qui suis-je pour savoir ce dont cette personne a vraiment besoin, soit de guérir ou de mourir ? » Je n'ai pas à me mêler de la vie des autres. Cette réflexion m'aide à me détacher des résultats, ce qui permet de renforcer l'impact de ma pensée. Néanmoins, j'avoue que ce détachement est plus difficile si nos proches sont en cause.

Conseils _____

Idéalement, avant de visualiser pour quelqu'un, offrez cette guérison à l'Univers, au soi, et mentionnez que votre visualisation sert aussi à la guérison de tous les êtres souffrants de la planète. Demandez que le meilleur arrive pour la personne visée, ce qui implique la guérison, l'amélioration de l'état ou le contraire. Détachez-vous des résultats; vous n'êtes pas responsable de la guérison ou de la maladie de la personne que vous voulez aider. Ce détachement est difficile surtout si vous agissez pour un membre de votre famille. Lorsque vous vous sentez prêt, imaginez la personne heureuse, en forme, entourée d'une lumière brillante comme le soleil. Si vous croyez à des déités, demandez-leur de se joindre à votre pensée pour amplifier l'énergie, la vitalité. Cet appel vous aidera à renforcer vos pensées et ainsi vous donnera les capacités de visualiser, puisque vous avez ces croyances et ces valeurs.

Une personne atteinte d'une maladie peut avoir comme réaction le rejet de vos suggestions relatives à la visualisation ou à toute autre approche. RESPECTEZ-LA. Cessez de lui parler de vos croyances. La personne atteinte doit souvent vivre les étapes du processus de « guérison » émotivement, c'est-à-dire dans sa tête, avant que la guérison s'installe dans son corps. Ce processus, permettant l'acceptation de son état, passe par l'espoir de guérir, le doute, la colère ou le rejet, la dépression, puis l'acceptation de sa maladie l'amenant à la sérénité.

La sérénité permet à la personne de prendre des décisions personnelles quant à sa santé, axées sur la détermination, l'autonomie, l'action juste, quelle que soit la réaction de l'entourage. J'ai connu des personnes qui, à cette étape, ont jeté leurs médicaments à la poubelle et sont parties en voyage au grand découragement du personnel médical et de la famille. Aucune peur ne semblait les habiter. D'autres personnes décident de retourner à la maison avec une idée des actions précises qu'elles veulent entreprendre par rapport à leur état. D'autres décident d'aller dans un centre d'hébergement pour les personnes en phase terminale ou de poursuivre calmement leur cheminement à la clinique.

Il est important que la personne garde le pouvoir de choisir et de décider en se responsabilisant quant aux conséquences de ses choix. Certains choix demandent la participation des proches, que ce soit une aide financière ou une présence. De là l'importance de s'exprimer quant aux possibilités et à la disponibilité des personnes concernées, souvent les membres de la famille. Il ne faut pas se gêner pour rechercher l'aide de bénévoles ou d'amis disponibles.

Je crois sincèrement que, lorsqu'une structure pour accompagner les personnes atteintes du cancer vers la guérison sera installée dans les CLSC et les centres hospitaliers, structure qui offrira une autre perspective du cancer, ces conseils seront dépassés.

Commentaire du public _____

Je fais partie d'une religion et j'ai peur que la visualisation aille à l'encontre de ma religion.

Observations

Il faut respecter vos croyances et vos valeurs. Je ne dis pas que j'ai la vérité et que je connais les exigences de toutes les religions. Mais, il est certain que si vous vous culpabilisez lors d'une pratique de visualisation, vous perdez de la vitalité. La visualisation est une approche d'intériorisation qui n'est pas reliée à une religion ou à un regroupement. C'est une technique influençant le potentiel de notre cerveau, entre autres. Je conseille aux personnes faisant partie d'une religion d'adapter leurs visualisations à leurs croyances. Par exemple, plutôt que de visualiser un soleil au-dessus de leur tête, elles peuvent s'imaginer une déité, selon leur religion, qui leur envoie de la lumière dorée, de la vie pure. Soyez à l'écoute du sentiment que la visualisation engendre en vous, du mieux-être. Si ce n'est pas le cas, arrêtez de visualiser et cherchez une approche plus conforme à vos valeurs.

Questions du public

Croyez-vous que des personnes sont sur la Terre pour avoir le cancer, que c'est leur chemin de vie, comme les enfants qui naissent déjà atteints? Croyez-vous que la visualisation peut être tout de même efficace dans le cas de ces enfants comme de leurs parents?

Observations _____

Je dirais qu'effectivement il y a des personnes pour qui la maladie est leur chemin de vie. Cette souffrance des corps est difficile à accepter. Je me suis questionnée là-dessus et j'ai lu des livres et des philosophies riches d'explications qui m'ont fait du bien et qui ont rajouté à ma compréhension de ces événements. Personnellement, j'ai un fils qui, dès la naissance, avait des problèmes de santé.

Il semble que chacun et chacune ait son histoire inscrite dans ses cellules, histoire du passé, de l'enfance, histoire de ce qui doit se vivre dans cette vie-ci. C'est notre chemin de vie, notre livre personnel relatif à notre intuition. C'est à chacun et chacune d'apprendre à lire son propre livre, de comprendre sa propre histoire.

J'ai lu le livre *Un autre corps pour mon âme*, de Michael Newton. Psychologue, cet auteur américain a interviewé plusieurs personnes sous hypnose. Selon Newton, les personnes racontaient des histoires d'autres vies vécues par elles sur la Terre à des époques différentes. Elles voyaient la manière dont elles mourraient et ce qui se passait après leur mort. Ces différentes personnes témoignaient avec des points de référence communs face à la naissance et à la mort, indépendamment de leurs statuts, de leurs croyances et de leurs nationalités. Il semble que nous choisissions tous nos scénarios pour développer des qualités, des vertus, mais certaines personnes choisissent des expériences plus douloureuses afin d'y parvenir. Encore là, ce qui semble douloureux pour quelqu'un ne l'est pas nécessairement pour une autre personne. Nous avons toujours de l'aide pour vivre et affronter notre destin même si, par moments, il nous arrive de nous décourager... Bref, ce livre de Newton est très intéressant et aidant.

Conseils

Il se peut qu'une famille accueillant un enfant malade ait comme destin de découvrir la force du potentiel de guérison. Je crois qu'il ne faut pas hésiter à pratiquer la visualisation et à aider l'enfant à la pratiquer aussi, si celui-ci s'y intéresse et s'il en éprouve du plaisir. Il faut que l'expérience soit amusante, sans cela les parents ainsi que les frères et sœurs deviennent perturbés, ce qui trouble l'enfant concerné. Si l'enfant ne veut pas visualiser, les adultes peuvent le faire en silence. De bons livres suggèrent des visualisations à partir d'histoires, de jeux, comme le livre *Allégories pour guérir et grandir*, de Michel Dufour. Informez-vous auprès des libraires qui vous suggéreront de bons outils pédagogiques, très efficaces. Mais, si l'enfant ne s'intéresse pas à la démarche, il ne faut pas le forcer; il est préférable de tout arrêter.

Question du public

Et si c'est la mort qui m'attend?

Conseils

Et si la peur de la mort vous permet de vous réconcilier avec la vie? Lors de mes conférences sur la visualisation, plusieurs personnes atteintes du cancer m'expriment leur peur de la mort, de ne pas réussir les exercices et de mourir. Je comprends cette peur, c'est un sentiment humain. Dites-vous que personne ne sait vraiment quand l'heure arrive, quoi que l'on en dise. J'ai connu des personnes atteintes de cancer qui sont en pleine forme maintenant alors que leurs proches, qui les accompagnaient dans leur démarche vers la guérison, sont décédés des suites d'un accident ou d'une maladie subite. Nous aurions pourtant tous cru que les proches en santé allaient survivre aux personnes atteintes. Ainsi est la vie; personne ne sait vraiment quand c'est le temps de partir.

La personne atteinte du cancer doit percevoir sa maladie comme un thermomètre : qu'est-ce que mon corps veut me dire par cette maladie? Je vous invite à lire des livres qui parlent de la signification des maladies, mais faites ces lectures sans vous culpabiliser. Vous pourrez comprendre la cause (le sentiment, l'émotion) derrière la maladie. Essayez de trouver des solutions dans votre quotidien pour éviter la situation qui vous blesse au point de nuire à votre santé. Demandez au soi de vous guider dans ce sens. Lorsque mon corps est atteint d'une maladie, je me demande ce qui ne marche pas dans ma vie en ce moment. Quelle partie de moi n'est pas bien? Remplacez le mot cancer par « inharmonie dans mon corps qui influence ma vitalité ».

Confidence

À la suite de mon divorce, je me suis retrouvée seule à Montréal pour reprendre mes études, laissant mes enfants de quatre et de six ans avec leur père en attendant de mieux savoir où je m'en allais dans la vie, après ce grand bouleversement. Quelques semaines après mon départ de la maison, j'ai décelé une bosse à un sein. Voilà, me dis-je, je suis en train de me donner un cancer et je m'en fous : je suis tellement malheureuse... Je n'ai plus de vie familiale, mes enfants sont loin et je n'ai plus d'emploi. C'est peut-être mieux que je meure. J'étais très malheureuse et mon corps le reflétait. J'ai donc pleuré et demandé de l'aide à l'Univers. J'étais à l'écoute des événements autour de moi. J'ai rencontré des mères très heureuses, épanouies, divorcées, plus âgées que moi, en amour avec leurs grands enfants. Cela m'a sécurisée. Je me suis aperçue que je me culpabilisais par rapport à mon rôle de mère et que cela se reflétait dans un sein, symbole de maternité. Après avoir compris que ma situation était temporaire, que je retrouverais mes enfants dans quelque temps, lorsque je serais en meilleur équilibre, que cela était prévu dans mon plan de vie pour être mieux plus tard, j'ai senti ma vitalité, ma joie revenir. J'ai compris aussi que la qualité de présence auprès des enfants était plus importante que le temps de présence. Pour le moment, mes enfants vivaient l'idéal. Ils résidaient toujours dans la même maison, dans leur environnement, ce qui était mieux selon moi que si je les avais amenés à Montréal où ils auraient vécu de l'insécurité. Leur père avait les moyens financiers pour répondre à leurs besoins. Comme mes enfants étaient dans de bonnes conditions, je me devais de profiter de ce temps pour retrouver mon équilibre. Ressentant ma joie de vivre, j'ai dit à ma bosse, d'un ton ferme, de partir, que je ne voulais plus cette situation, car je retrouverais mes enfants en temps et lieu. Sans m'attarder au résultat, je disais régulièrement à mon sein de guérir comme on parle à une personne et je m'entourais de lumière, envoyant ma maladie dans un feu. Quelques semaines plus tard, je n'avais plus rien. Lorsque l'été est arrivé, j'ai loué un chalet pour reprendre la garde de mes enfants, selon un horaire partagé. La bosse au sein n'a jamais réapparu et ce fait s'est passé en 1990. Je ne sais même pas si j'avais un cancer ou pas. Je ne voulais pas m'énerver avec cela. J'étais déjà assez perturbée à cause de mon divorce sans ajouter d'autres problèmes à ma *vie.*

Si l'expérience de la mort devient votre réalité, recherchez l'appui nécessaire pour apprivoiser la mort. De nombreux ouvrages en librairie servent à préparer cet événement et offrent des visualisations favorisant le mieux-être dans ce sens. Personnellement, en ce moment de ma vie, je pratique des visualisations et des respirations visant à mieux contrôler ma pensée durant la souffrance dans le but de me préparer à la mort, selon la philosophie bouddhiste tibétaine. Pourtant, je n'ai pas le cancer. La mort est toujours présente dans notre quotidien et, en règle générale, personne ne sait quand elle arrivera. La démythification de la mort et son acceptation comme éventualité donnent à certaines personnes en situation de crise la vitalité nécessaire pour régénérer leur corps physique. Les voies de la guérison sont un mystère et prennent bien des directions; à chacun de trouver la sienne.

Recommandations

Si vous avez le cancer ou toute autre maladie persistante, n'hésitez pas à trouver un thérapeute pour vous aider à comprendre la signification de votre maladie. Un suivi doit s'établir avec ce thérapeute selon vos besoins (peut-être toutes les deux semaines, durant plusieurs mois).

Entourez-vous d'une équipe multidisciplinaire incluant votre médecin. Je conseille un naturopathe ou un spécialiste en alimentation. Si vous n'avez pas les moyens de payer une consultation, faites appel aux conseillers dans les magasins de produits naturels. Certaines revues se spécialisent dans les approches alternatives, comme le guide *Ressources* et le magazine *Lumière*. Une personne-ressource peut vous aider à ressentir et à exprimer vos émotions (psychologue ou autre thérapeute en qui vous avez confiance). Un massothérapeute peut aussi faire partie de cette équipe informelle. Au Québec, dans les CLSC, il est possible d'obtenir de l'aide gratuitement de certains spécialistes.

Restez le moins longtemps possible à l'hôpital, car la nourriture et l'air sont inadéquats; l'ambiance est souvent déprimante. Si vous le pouvez, sortez à l'extérieur de l'hôpital, même si c'est seulement 30 minutes. Demandez à un proche de vous emmener de la nourriture énergisante. Si vous avez besoin de soins médicaux, essayez d'obtenir de l'aide à domicile, à condition que vous pouviez véritablement vous y reposer. Si, à votre résidence, vous êtes dérangé par les membres de votre famille, il vaut mieux louer un appartement ou vivre en chambre pour reprendre des forces avant de retourner dans le quotidien. Informez-vous auprès de votre CLSC ou de tout regroupement de bénévoles pour obtenir de l'aide. J'ai connu une femme qui, pour son rétablissement, a loué une chambre où elle se retirait lorsqu'elle se sentait trop bouleversée au contact de ses grands enfants et de son conjoint.

Entourez-vous de joie : films comiques, musique que vous aimez, plantes et fleurs, images agréables, amis drôles et réconfortants.

Permettez-vous des fantaisies telles que des vêtements qui vous plaisent. Faites-vous coiffer, maquiller légèrement. Allez voir des spectacles, offrez-vous des sorties dans des restaurants calmes, dans des musées, des jardins, des parcs, même si vous n'y restez que dix minutes à cause de votre état de santé.

Quand vous vous sentez fatigué, prenez du repos. Fermez vos yeux, intériorisez-vous, à votre manière.

Gardez votre pouvoir par rapport à votre corps. N'acceptez rien qui vous stresse trop. Les personnes atteintes du cancer qui retrouvent la santé sont capables de dire non à un traitement qui fait réagir leur corps trop fortement. Les personnes n'ont pas toutes la même tolérance aux traitements. Demandez au personnel médical d'arrêter ou de diminuer les doses, de vous aider à trouver des substituts si votre corps réagit trop violemment. N'oubliez pas, ce ne sont pas les médicaments qui vous guériront.

Si vous décidez de prendre des traitements tels que la chimiothérapie, dites à votre corps de ne garder que ce qui est bon pour lui et que le surplus s'en retourne dans l'Univers. Si vous en avez la force, visualisez en même temps que l'on vous donne ce traitement.

Comme alimentation de base lors de crises, voici ce qui est conseillé :

- les légumes, surtout verts, si possible organiques, fruits, jus frais, céréales organiques, légumineuses;
- des produits à base de plantes dans des jus de fruits purs;

- des préparations de ginseng et de gelée royale;

- des suppléments alimentaires non synthétiques. Par exemple, pour le fer, une formule liquide de fer organique en vente dans plusieurs pharmacies ou magasins de produits naturels, est efficace et proche de la nature;

- de l'eau de source la plus pure possible.

Il est important de ne pas changer subitement votre alimentation afin de ne pas stresser davantage votre corps, qui est déjà dans un état de déséquilibre. Il faut faire des prises de conscience de l'impact de l'alimentation sur sa santé et apporter progressivement ces changements, tout en étant suivi par un professionnel de la santé.

L'eau pure est très importante; si vous pouvez en puiser à la source en campagne plutôt que de l'acheter en bouteille, c'est l'idéal. Personnellement, je laisse souvent mon eau au soleil et dehors durant la nuit pour qu'elle prenne de la vitalité. Des fruits séchés, des graines, des céréales, des légumes crus sont à ajouter selon l'acceptation et le désir du corps. Vous pouvez aussi boire certaines tisanes, selon votre état de santé. La tisane de thym ou d'autres plantes est un outil de guérison. Informez-vous.

À la suite de la prise de médicaments chimiques, contre la douleur par exemple, dès que vous le pouvez, nettoyez vos corps énergétiques pour renforcer votre corps physique en prenant des oligoéléments, comme le cuivre/or/argent en liquide en vente dans les pharmacies et les magasins de produits naturels.

Vous pouvez aussi consulter un professionnel en homéopathie qui vous aidera à retrouver votre équilibre énergétique.

Commentaire du public

Oui mais tout cela coûte cher; nous n'avons pas tous les moyens de nous payer des traitements ou des aliments de cette qualité.

Observations

Personnellement, j'ai dû vivre des prestations de la Sécurité du revenu; quelquefois, je n'avais que 2 $ pour vivre durant un certain temps. Je connais la pauvreté. Malgré tout, j'ai toujours réussi à me nourrir avec des produits organiques, très limités. J'ai « troqué » des traitements holistiques. C'est faisable, puisque je l'ai vécu dans des conditions très humbles. J'ai payé quelques traitements que je sentais que je devais recevoir en plusieurs versements et avec des fruits biologiques, après avoir conclu des ententes avec des thérapeutes. J'ai trouvé de l'eau de source dans la nature, j'ai appris à cultiver mes légumes biologiques. Je ramassais des fruits chez des fermiers, comme des pommes biologiques que ceux-ci ne ramassaient pas. J'ai appris à cueillir les champignons comestibles, les noisettes. Je suis allée à la cueillette de fruits sauvages et j'ai appris à déshydrater mes légumes et mes fruits pour la conservation durant l'hiver. Tout cela ne coûte que du temps. J'ai acheté une machine à pain pour cuisiner avec de la farine organique. J'ai fait des échanges avec des personnes pour ma nourriture. Souvent, lorsque nous avons de l'argent, nous avons peu de temps, donc nous payons pour des services. Lorsque nous n'avons pas d'argent, nous avons le temps d'apprendre à renouer avec la terre par le jardinage, la cueillette de fruits, l'autosuffisance. Informez-vous, il y a des trucs! De plus, pensez à changer d'appartement; déplacez-vous à pied, en autobus ou en vélo si les frais d'une voiture sont trop élevés. Accordez la priorité à votre santé. Lorsque vous aurez retrouvé votre équilibre, vous redeviendrez des consommateurs plus sages, animés par d'autres valeurs. Surtout, ne négligez pas votre santé à cause de l'argent.

Finalement, demandez aux gens qui vivent davantage dans l'abondance à satisfaire vos besoins matériels. Nous sommes dans une ère où l'entraide et la collaboration prennent place pour ouvrir nos cœurs. Il y a des années où nous avons un surplus pour donner, pour partager; d'autres années, nous devons accepter de demander et d'accueillir. Demandez au soi de vous guider dans vos besoins et vous serez surpris. Ne forcez personne à vous aider; lorsqu'il y a un refus, même d'un parent, c'est que quelqu'un d'autre est plus apte à répondre à vos attentes. Ayez confiance en l'abondance de l'Univers. Comme je l'ai vécu, je sais que c'est possible.

Question du public _____

Est-ce que votre père est toujours bien?

Observations _____

Cela fait maintenant douze ans que mon père n'a plus aucun symptôme du cancer de l'intestin; il ne reçoit aucun médicament et n'a pas besoin de soins reliés à cette maladie. Bien sûr, il a parfois la grippe ou d'autres malaises, selon ses émotions. Comme nous tous, il a le défi de rester en harmonie, d'écouter son corps, d'écouter ses émotions, de s'intérioriser quotidiennement bref, de suivre son chemin vers la réalisation de son plein potentiel.

CONCLUSION

Je me suis toujours demandé si la guérison de mon père n'était pas inscrite quelque part dans l'Univers pour me permettre d'évoluer, de prendre conscience de tout mon potentiel et pas seulement de mon propre potentiel, car cette prise de conscience est partagée par ma famille et bien des gens de mon entourage.

Mon père était-il conscient de cette énergie du « soi » avec tout ce que cela implique? Était-il convaincu, après cette maladie, de sa force, de sa « divinité »?

Après tout, si quelqu'un devait avoir la « foi », ce serait sûrement lui. Cinq ans après l'apparition de sa maladie, je lui ai donc demandé, par un bel après-midi printanier, qu'il me parle un peu.

Avec toute sa simplicité, il m'a avoué : « Tu sais, moi, la lumière, je ne vois rien (en faisant référence au centre d'énergie frontal). Je ne sais pas si c'est cela qui m'a guéri. Je ne peux absolument pas conclure que ce sont les exercices de visualisation et tout ce que tu as écrit... La seule chose dont je suis certain, c'est que jamais je n'ai pensé mourir à cette époque-là. Je me voyais en pleine forme. C'était comme si j'avais une grippe, pas une maladie grave. Et je ne peux pas dire non plus que c'est à cause de la perte de mon emploi que j'ai eu le cancer. Je faisais les exercices avec ta mère tous les jours, sans en savoir plus... »

J'ai donc insisté : « Quand tu visualises avec maman, ta pensée va vers où? Peut-être dors-tu sans rien penser? (mon père et ma mère ont poursuivi leur méditation créatrice durant plusieurs années) Crois-tu à Dieu, à une énergie d'amour, à Jésus? ».

« Non, moi, c'est à la Sainte Vierge que je parle depuis que je suis tout petit, c'est une mère pour moi, c'est à elle que je me confie. »

Eh bien alors! Après toutes ces années, il était temps que je sache que mon père communique secrètement avec cette grande messagère!

Sans aucun doute, si mon père s'est guéri sans être plus fanatique que cela, sans être plus mystique, sans comprendre plus profondément les lois universelles, mais tout simplement en gardant une image de santé, tout en pensant à une énergie plus puissante que son ego, c'est une raison de plus de croire que la visualisation créatrice est accessible à tous.

Bien sûr, il y a toujours une heure pour mourir, pour aller dans une autre dimension... Mais, je suis convaincue qu'un jour, lorsque tous seront en harmonie avec le soi, par l'ouverture des différents centres d'énergie, ce qui demande le respect des lois universelles, le non-jugement et beaucoup de compassion et d'amour envers les autres, cette transition se fera sans douleurs, tout doucement.

Mon ami Clément m'a expliqué sa vision de la mort quelques mois avant son départ pour l'autre monde :

« Tu sais, toi et moi, un jour, nous allons enlever notre corps que l'on mettra sur une chaise comme un vêtement, un habit. Et on s'en ira sans plus d'efforts, c'est tellement beau l'autre bord! »

Clément, tu l'as laissé, ce vêtement, par une belle journée de la Saint-Valentin, la fête de l'amour. Le message ne pouvait être plus clair. Je t'offre ces dernières lignes pour clore ce livre :

Je t'aime de cet amour universel, de ce respect face à la vie, face à moi-même, face aux autres; c'est ce que tu m'as enseigné. Tu m'as accompagnée jusqu'à la porte du Savoir et après tu as su te retirer, noblement. Tu as passé par la porte sans nom, sans âge.

Je sais, tu m'accompagnes encore, de temps en temps...

Merci et à bientôt.

Je t'aime.

LEXIQUE

Allopathique :

Médecine traditionnelle, classique.

Âme :

Partie de l'être qui comprend toutes les mémoires du passé; synonyme de l'inconscient.

Bioélectricité :

Électricité du corps physique permettant la santé en nourrissant les organes physiques à particules énergétiques.

Bouddhisme :

Philosophie orientale pratiquée par différentes cultures selon des principes et rituels spécifiques pour la réalisation du soi. Dans ce livre, nous faisons référence au bouddhisme tibétain, pratiqué par le dalaï-lama et ses confrères et consœurs.

Centre énergétique/aurique/chakra :

> Partie du corps aurique qui permet de faire circuler la vitalité dans le corps, selon le système de sept centres principaux appelés dans ce livre : racine, sacré, solaire, cardiaque, laryngé, frontal et coronal.

Corps aurique/énergétique :

> Cette partie énergétique de l'individu est perceptible comme une vapeur de différentes couleurs. C'est l'électricité particulière au corps physique. D'ailleurs, le terme bioélectricité commence à circuler dans les milieux occidentaux de la santé pour désigner cette science. La bioélectricité imprègne aussi les objets. Ces couches bioélectriques de différentes fréquences contribuent à la santé de la personne en lui donnant plus ou moins de vitalité. Elle a été décelée par le procédé photographique de Kirlian en Russie.

Décristalliser :

> Actions pour dégager des émotions.

Ego :

Expression en psychologie moderne pour désigner la partie de la personne qui implique l'orgueil, l'intérêt pour la gloire personnelle, l'enrichissement, les peurs, etc.

Énergie :

Ce qui nourrit le corps physique pour lui permettre d'être en santé, de passer à l'action; synonyme de vitalité.

Guide spirituel :

Croyance que des êtres vivant sur d'autres fréquences inspirent l'être humain dans ses choix. Certains guides sont appelés à accompagner dans des choix positifs les individus. Cela se vit par l'intuition, la prière, la méditation, les rêves, les visions. Lors de l'étape de la mort, la majorité des personnes deviennent plus sensibles à ces possibilités.

Holisme :

Globalité de la personne; dans le domaine de la santé, expression qui considère que l'individu n'est pas seulement physique, mais aussi émotif et spirituel dans le sens de valeurs profondes.

Kundalini :

Circulation de l'énergie dans un canal spécifique partant du racine jusqu'au coronal et permettant à la personne d'atteindre un niveau temporaire de conscience altérée, d'extase.

Lois cosmiques :

Lois créées et diffusées par l'Association des lois cosmiques du Québec ayant une répercussion sur les organes physiques. Par exemple, nous nous référons à ces lois pour tirer les principes moraux universels ayant un impact sur la santé afin de faire abstraction des religions et des dogmes. Plusieurs auteurs expriment ces lois, mais leur vocabulaire diffère parfois.

Lumière :

Dans ce livre, représente le soi universel, la partie de l'être en parfaite harmonie avec son environnement, la partie spirituelle de l'être sans aucune connotation religieuse ou dogmatique. En fait, selon la physique moderne, il y a de la lumière partout, puisque tout corps émet de l'énergie et transporte différents degrés de luminosité.

Métaphysique :

> Acceptation d'une partie de nous-mêmes, dans notre manière d'être, qui va au-delà du physique, sans l'exclure, et qui peut s'obtenir par le développement de facultés propres à l'être humain.

Principe moral universel :

> Valeurs profondes universelles caractérisant chaque individu pour son harmonie et sa santé. La joie de vivre, le respect de soi et des autres sont des exemples de valeurs universelles profondes, sans connotation religieuse.

Processus naturel de guérison :

> Processus inné chez l'individu permettant de guérir. Par exemple, après une coupure, il y a normalement cicatrisation.

Soi :

> Expression en psychologie moderne qui désigne la partie de la personne en parfaite harmonie, en équilibre. Cette partie est sans peur, sans intention; synonyme d'esprit.

Visualisation :

> Voir ou sentir des images avec son cerveau.

Vitalité :

> Expression pour désigner la capacité du corps à agir, à passer à l'action; synonyme d'énergie.

Tan tien :

> Centre de gravité du corps situé à un point central dans le bas ventre; noyau du mouvement dans les arts martiaux (hara).

DES NOTES PERSONNELLES

BIBLIOGRAPHIE

Assagioli, R. Jung et la psychosynthèse. Revue Intégration.

Assagioli, R. (1976). Psychosynthèse, principes et techniques. Épi : Montréal.

Bourbeau, L. (1990). Qui es-tu? ETC : Montréal.

Brennan, B. A. (1995). Guérir par la lumière. Tchou : Paris.

Brennan, B. A. (1987). Le pouvoir bénéfique des mains. Tchou: Montréal.

Brown Young, M. (1984). Le déploiement de l'être. Centre d'intégration de la personne : Sainte-Foy.

Chia, M. & Chia, M. (1991). Le tao de l'amour retrouvé : l'énergie sexuelle féminine. Guy Trépaniel : Paris.

Drouot, P. (1992). Guérison spirituelle et immortalité. Durocher : Paris.

Dufour, M. (1995). Allégories pour guérir et grandir (4ᵉ éd). JCL : Chicoutimi.

Galyean, B. & Galyean, C. (1986). Visualisation, apprentissage et conscience. Centre d'intégration de la personne : Sainte-Foy.

Gawain, S. (1978). Techniques de visualisation créatrice. Soleil : France.

Hamer, R. G. (1993). Fondement d'une médecine nouvelle (tome 1) : Le système ontogénétique des tumeurs. Association stop au cancer : Cologne.

Herzog, B. (1999). Nouvelles pistes pour guérir le cancer. Éditions du CRAM : Montréal.

La Salle, P. (1992). La voie de la lumière. Éditions de Mortagne : Boucherville.

Mongeau, S. (1990). La belle vie ou le bonheur dans l'harmonie. Libre Expression : Montréal.

Mongeau, S. (1985). La simplicité volontaire. Québec/Amérique : Montréal.

Newton, M. (1996). Un autre corps pour mon âme. Éditions de l'Homme : Montréal.

Paramahansa, Y. (1983). Autobiographie d'un yogi. ADYAR : Paris.

Premo, M. & Éthier, M. G. (1990). La célébration sexuelle. Le Jour : Montréal.

Rinpoche, S. (1993). Le livre tibétain de la vie et de la mort. La table ronde : Paris.

Simonton Matthews, S. (1984). La famille, son malade et le cancer. Desclée–De-Brouwer : Paris.

Spalding, B. T. (1972). La vie des maîtres. Robert Laffont : France.

Thibaudeau, C. (1999). La méthode Écho. La Presse, édition du 21 mars.

Tremblay-Sergerie, A. (1970). Lois cosmiques. Association des chercheurs en sciences cosmiques : Shawinigan.

JoLanne
l'éditrice

Chez la même éditrice

Littérature jeunesse

Johanne Lacroix
La trilogie du club des Fs. Fs. As. :
  Le trio, volume premier
  Neuf dans une Plymouth, volume deuxième
  Le point de chute, volume troisième

Caroline Malo
Le fabuleux voyage à Québec

Louise Loignon Malo
Les aventures de Marie-Lou en sixième

Monique Plante
Francis et sa chatte Nuage

Contes

Claude Alexandre Des Marais
La grenouille qui pleurait tout le temps

Soraya Benhaddad
Coccolino

Livre éducatif, enfants

Manon Beaupré
Temporel au pays des dinosaures

Poésie

Line Ferland
Le berceau de tes rêves

Guide

Andrée Goulet
La tourterelle

Récit

Monique May Lamothe
Monique May : la grande voyageuse

Histoire

Paul-O. Trépanier
Les 300 mois de Pierre-Horace Boivin,
maire de la ville de Granby de 1939 à 1964

Autobiographie

Adrienne Beaudry Dumas
Parcours d'une pionnière

Conférence et atelier de l'auteure
Pour connaître les activités publiques de l'auteure,
téléphonez à la maison d'édition JoLanne
au (450) 375-6677.

La médecine des femmes
Mona Hébert
Homéopathe, naturopathe, herboriste
Consultation : (514) 523-0745

ÉCHO
Les personnes intéressées à faire l'apprentissage
d'Écho peuvent se renseigner au
Service de consultation-liaison
du pavillon Notre-Dame du CHUM
au (514) 281-6000, poste 5665.

On peut aussi trouver plus de renseignements
dans le livre :
La personne en Écho, Jean-Charles Crombez
Publication MNH.

Québec, Canada
2000